설득의 쓸모

설득의 쓸모

아리스토텔레스부터 현대 과학에 이르기까지

useful
persuasion

이현우 지음

THE NAN
더 난 콘 텐 츠

모든 설득의 법칙은
아리스토텔레스에서 시작되었다

"설득의 아버지는 누구일까요?" 한 학생이 번쩍 손을 들더니 장난기 어린 목소리로 "이현우 교수님이요"라고 대답했다. 학생들은 모두 까르르 웃었다. "고마운 말인데 설득의 아버지는 아리스토텔레스예요. 나는 설득의 삼촌쯤으로 불러주면 좋겠어요." 학생들은 다시 한 번 까르르 웃었다.

아리스토텔레스를 빼고 설득을 이야기할 수 없다. 아리스토텔레스와의 첫 만남은 필자의 유학 시절의 일이었다. 당시에는 영어로 공부하는 그 자체도 어려웠지만, 고대 그리스어를 영어로 번역한 『수사학(The Art of Rhetoric)』을 읽으면서 머리에 쥐가 나는 일은 다반사였다. 아리스토텔레스와 친해지는 일은 정말 녹록지 않은 작업이었다. 그런데도 『수사학』을 공부하는 동안은 엄청나게 즐거웠다. 신세계를 경험하는 것 같았다.

새로 개업하는 집에 가면 '시작은 미미하나 끝은 창대하리라'라는 성경 구절이 담긴 액자를 종종 보게 된다. 하지만 '설득'이라는 학문의 시작은 절대 미미하지 않았다(수사학의 현대식 이름이 바로 설득이다). 아리스토텔레스는 지금부터 무려 2300년도 전에 고대 그리스에서 활동했던 사람이지만 『수사학』에 담긴 그의 가르침은 현대 과학에 비춰봐도 전혀 미미하지 않다.

오랫동안 설득은 일종의 예술 영역이었다. 현대 미술품처럼 이해하기도 힘들고 따라 하기도 쉽지 않은 영역이었다. 그런데 과학이 모든 것을 바꿔놓았다. 지난 60여 년 동안 설득 커뮤니케이션 학자들은 다양한 이론으로 설득이 발생하는 과정을 자세히 설명해주었다. 이 모든 과정의 출발점에 아리스토텔레스가 서 있다. 아리스토텔레스 덕분에 우리는 설득을 과학으로 이해하는 관점을 갖게 되었고, 현대 과학은 설득의 쓸모를 엄청나게 확장시켰다.

아리스토텔레스, 21세기로 오다

대학 강단에서 학생들에게 설득이라는 학문에 대해 강의한 지 벌써 30년이 넘었다. 몇 년 전 어느 날 불현듯 '아리스토텔레스의 수사학을 현대 과학과 연결해서 정리하는 책을 써보면 어떨까?' 하는 생각을 하게 되었다. 하지만 생각을 실제로 구현하기까지 오랜 준비가 필요했다. 특히 아리스토텔레스와 같은 거물을 연구 대상으로 하는 책은 더욱 그렇다. 불현듯 떠오르는 생각이 한 권의 책이 되기까지 3단계 준비 과정을 거쳤다.

첫 번째는 책의 범주를 정하는 것이었다. 아리스토텔레스를 한 권의 책에 담는다는 것은 톰 크루즈도 해결 불가능한 '미션 임파서블'에 틀림없다. 아리스토텔레스 이후 세상에 새로운 것이 없다는 말이 있을 정도로 학문적으로 가장 중요한 인물 중의 하나다. 그는 아버지가 마케도니아 왕의 주치의였던 탓에 궁중에서 자라면서 일찍부터 훌륭한 스승 밑에서 학문의 기초를 닦을 수 있었다. 그는 플라톤 밑에서 20여 년 동안 수학한 다음 필리포스 2세의 아들인 알렉산드로스 대왕에 의해 교육부 장관으로 등용되었다. 그는 교육부 장관으로 재임하면서 1천 명의 석학을 뽑아 당시 세상에 알려진 모든 종류의 지식을 집대성하는 작업을 진두지휘했다. 그리하여 그는

6

400권이 넘는 책을 저술했다고 알려져 있다. 요즘으로 치면 노벨상을 탈 만한 수준의 학문적 성취를 이룬 셈이다.

그의 방대한 저술 중에서도 가장 위대한 작품은 3권으로 이루어진 『수사학』전집이다(이것은 설득 연구자로 평생을 살아온 필자의 개인적인 견해일 수 있다). 3권으로 구성된 『수사학』은 다양한 주제들을 다루고 있다. 수사학의 정의, 수사학의 위상, 연설의 분류(사법적, 정치적, 과시적 영역), 다양한 수사적 스타일, 배열법, 그리고 수사적 수단 등에 관한 내용이 담겨 있다. 그런데 『수사학』을 읽다 보면 심히 알쏭달쏭한 주장을 만나게 된다. 아리스토텔레스는 '수사학의 목적이 설득하는 데 있지 않다'고 말한다. 그 대신 수사학의 목적은 "어떤 상황에서든 능히 설득할 수 있는 수단(pisteis)을 발견하는 데 있다"는 것이다.

아리스토텔레스는 뭔가를 주장하는 것은 설득이 아니라고 단언하고 있다. 누구나 자기가 옳다고 주장한다. 하지만 설득이 되기 위해서는 주장을 뒷받침하는 근거(proof)가 있어야 한다. 아리스토텔레스는 자신의 주장을 근거를 통해 증명할 때 비로소 설득에 성공할 수 있다고 말한다. 수사학의 목적은 그러한 근거를 가진 설득 수단을 찾는 데 있다는 것이 아리스토텔레스의 설명이다.

아리스토텔레스가 수사학의 목적이라고 말한 설득 수단의 3가지,

즉 에토스, 로고스, 파토스가 바로 이 책의 핵심 내용이다. 이 3가지 설득 수단이 현대 과학자들의 연구로 어떻게 이어지고 있는지를 세세히 밝히는 것이 이 책의 집필 목적이다.

두 번째는 설득의 3가지 수단에 관한 현대 과학의 연구 성과를 정리하는 것이었다. 설득에 관한 관심은 현대 과학에서 다양한 학문 분야의 연구를 통해 맥을 이어오고 있지만, 특히 설득 커뮤니케이션과 사회심리학 분야에서 집중적으로 연구되고 있다. 두 학문 분야를 중심으로 설득의 3가지 수단별로 기존의 핵심 연구 주제 목록을 만드는 작업을 시작했다. 예상했던 것처럼 목록은 두툼했다. 그 많은 내용을 한 권의 책에 담는 것 또한 불가능한 작업이었다.

엄청난 분량의 연구 결과물을 정리해야 한다는 문제와 함께 또 하나의 문제에 직면했다. 그것은 핵심 연구 주제와 관련된 기존 연구 결과물들이 일목요연하게 정리할 수 없을 정도로 난립하고 있다는 사실이었다. 예를 들어 은유의 효과에 관한 기존 연구물이 100개 있다고 가정해보자. 100개의 연구에서 절반은 은유가 설득 효과가 있다고 보고하고, 나머지 절반은 설득 효과가 없다고 보고한다면 은유의 설득 효과에 대해 어떤 결론을 내릴 수 있을까?

세 번째는 두 번째 과정에서 발견된 문제를 해결하는 것이었다. 다행히 '메타 분석(meta-analysis)'이라는 훌륭한 해결사를 통해 핵심 연구 주제 목록을 실현 가능한 수준으로 간소화하고, 기존 연구 결과물의 불일치성 문제를 처리할 수 있었다.

현대 과학은 메타 분석이라는 훌륭한 연구 방법론을 두 번째 과정에서 겪게 되는 딜레마의 해결책으로 제시해주었다. 메타 분석은 기존 연구물들 사이의 효과 지표상의 불일치성 문제를 해결하는 연구 방법론이다. 메타 분석은 기존의 모든 논문의 효과 지표들을 하나의 통일된 체계로 전환해 종합적인 결론 도출을 가능하게 만든다.

만일 은유 효과에 관한 총 100개의 개별 연구가 존재한다면 은유에 대한 메타 분석은 100개의 개별 연구를 모두 종합한 후 하나의 결론만을 제시한다. 기존 100개의 개별 연구에 참여한 피실험자의 수가 각각 100명이라면, 은유에 대한 메타 분석은 총 1만 명이 참여한 연구의 결과물로 해석할 수 있기에 메타 분석에 기초한 결론은 개별 연구보다 훨씬 높은 신뢰성을 갖고 있다. 이러한 방식으로 메타 분석은 은유의 효과에 관한 기존 연구물의 불일치성 문제를 깔끔하게 해결한다.

더구나 메타 분석 연구는 단일 연구에서 발생할 수 있는 조작, 편향, 부주의, 그리고 과장의 위험을 현저하게 줄일 수 있다는 장점을 갖고 있다. 2018년 세계 양대 과학 저널인 『네이처』와 『사이언스』에 실린 21개의 사회과학 논문을 반복 재현한 연구 결과가 발표되었다.[1] 놀랍게도 저명 저널에 실린 논문과 동일한 결과가 나타난 재현 성공률은 62%에 불과했다. 이러한 결과는 단일 논문의 연구 결과를 과대평가하지 말라는 경고로 해석할 수 있다. 메타 사이언스 학자 존 이오아니디스(John Ioannidis)는 2005년에 발표한 논문에서 "과학적 연구가 잘못될 수많은 가능성이 존재함을 감안하면, 어떤 논문에서 주장하는 연구 결과가 수학적으로 거짓일 가능성이 사실일 가능성보다 더 크다"라고 말하고 있다.[2] 메타 분석은 단일 연구의 한계를 극복하는 좋은 대안이 되고 있다.

최근 들어 메타 분석을 통해 주요 연구 주제와 관련된 기존 연구 성과를 재평가하는 학술 논문의 수가 눈에 띄게 많아지고 있다는 사실도 책의 집필에 많은 도움이 되었다. 필자는 두 번째 과정에서 선정된 설득 수단 관련 주요 연구 주제 중에서 메타 분석 논문으로 정리 가능한 주제들을 최종적으로 선택했다. 그리고 선정된 주제의 연구 성과를 메타 분석 결과를 중심으로 정리하여 이 책에서 소개했다.

2단계 주제의 중요성 관문과 3단계 연구 결과의 명료화 관문을 모두 통과한 연구 성과만이 이 책에서 다뤄지고 있다. 본문의 각 장에서 메타 분석의 결과는 매우 짤막하게 소개되고 있지만, 그 분량에 비해 무게는 절대 가볍지 않다. 메타 분석 논문 한 편의 결과는 수십 년에 걸친 오랜 학문적 노력을 빼곡히 담고 있기 때문이다. 최근의 메타 분석 연구자들은 메타 분석의 결과를 최종적 결론으로 해석하지 말고 새로운 연구를 시작하는 출발점으로 삼으라고 조언하고 있다는 점도 기억할 필요가 있다.

에로파의 순서로 설득하라

아리스토텔레스는 사람을 설득하기 위해서는 에토스, 로고스, 파토스 3가지 방법이 존재한다고 말했다. 『수사학』에서 그는 간헐적으로 3가지 설득 방법의 상대적 우위에 대해서는 언급하고 있지만, 실제 설득 상황에서 어떤 순서로 사용해야 하는지는 전혀 언급한 바가 없다. 이 책에서는 기존의 설득 연구를 바탕으로 에토스, 로고스, 파토스의 순서로 사용될 때 설득의 효과가 극대화될 수 있다고 생각하여 그 순서대로 구성했다.

에토스는 설득 전 준비 작업을 포함하고 있다. 『설득의 심리학(Influence)』으로 우리나라에 잘 알려진 치알디니 교수는 최근 저서 『초전 설득(Presuasion)』에서 설득 전 단계의 전략적 준비가 설득의 성공 여부에 지대한 영향을 미친다고 주장했다. 화자(話者)의 에토스 역시 설득 상황이 벌어지기 전에 미리 갖추어야 할 설득의 요소에 해당한다. 『손자병법』에서 싸우지 않고도 이기는 것이 가장 훌륭한 전략이라고 말한 것처럼 에토스는 굳이 설득하지 않아도 설득에 성공하게 만드는 능력이다. 메시지가 아무리 훌륭해도 말하는 사람을 신뢰하지 않으면 설득에 성공하지 못한다. 에토스는 굳게 닫힌 상대방의 마음을 활짝 열어서 설득하려는 사람의 메시지를 더욱 효과적으로 전달하는 역할을 한다. 이 책의 1부는 아리스토텔레스의 에토스 개념과 이후 현대 과학자에 의해 확장된 호감과 권위의 힘을 소개한다.

준비 작업이 끝났으면 이제 메인 게임으로 넘어가야 한다. 2022년 월드컵을 위해 영입된 한국 축구 국가대표팀의 벤투 감독은 '빌드업 축구'라는 철학을 가지고 있다. 빌드업은 상대방의 압박과 수비를 뚫고 나가는 과정을 의미한다. 골키퍼가 상대 진영을 향해 '뻥차기'를 하는 대신 골키퍼부터 시작해서 수비수, 중앙 미드필더, 공격수까지 점차적으로 상대방의 골문을 향해 올라가는 모든 전개를 뜻한다. 설득에 성공하기 위해서는 다양한 언어의 기술로 빌드업하는 과정이 필수적이다. 로고스는 빌드업을 위해 최적의 역할을 맡고 있다.

로고스는 설득 커뮤니케이션에서 메시지 영역을 지칭한다. 이 책의 2부는 설득 메시지에 관한 연구를 메시지의 내용, 메시지의 스타일, 메시지의 구조라는 3가지 틀로 분류했다. 그리고 각각의 분야에서 가장 대표적인 연구 주제를 선정하여 그 설득 효과를 메타 분석 결과를 중심으로 정리했다.

파토스는 설득을 완성하는 마지막 단계다. 다시 한 번 축구에 비유해보자. 축구에서는 골을 넣는 것이 최종 목표다. 상대방의 장단점에 맞춰 적절하게 대응하는 빌드업 과정이 아무리 훌륭해도 골을 넣지 못하면 승리할 수 없다. 손흥민 선수처럼 뛰어난 골잡이가 없으면 경기에서 이기기 힘들다.

설득의 궁극적인 목표는 상대방의 행동에 영향을 미치는 것이다. 현대 과학에 의하면, 상대방을 행동하게 만드는 힘은 감정이다. 하지만 모든 감정이 행동을 유발하는 '골잡이' 역할을 하는 것은 아니다. 설득 커뮤니케이션 학자들은 오래전부터 어떠한 감정이 인간의 행동을 유발하는가에 대해 많은 학문적 관심을 가져왔다. 이 책의 3부에서 설득을 연구하는 학자들의 사랑을 받아온 대표적인 골잡이 감정들을 선별해서 파토스의 설득 효과를 정리했다.

설득하는 능력이 핵심 경쟁력이다

설득의 역사는 인류의 역사만큼 장구하다. 인류 최초의 설득 사건이 뱀이 이브를 설득해서 선악과를 따 먹게 만든 일이라고 말하는 이유도 여기에 있다. 그만큼 설득은 사람들의 삶에서 필수적이다.

신약성서 요한복음은 "태초에 말씀이 계셨다"라는 말로 시작된다. 요한복음은 계속해서 모든 것은 말씀을 통해 생겨났고, 이 말씀 없이 생겨난 것은 하나도 없다고 말하고 있다. 이처럼 중요한 말씀의 힘을 고대 그리스인들은 분명하게 이해하고 있었다. '말씀 설(設)'과 '얻을 득(得)'이 합쳐진 이 단어 안에는 엄청난 의미가 포함되어 있다. 바로 세상살이에 대한 인류의 지혜를 담고 있는 것이다. 자신이 원하는 뭔가를 얻기 위해서는 무엇보다 말씀의 힘이 필요하다는 뜻이다. 말씀이 사람을 움직이고, 말씀이 세상을 움직인다는 설득의 쓸모를 우리의 선조들은 명확히 깨닫고 있었다.

고대 그리스 시대에는 '변호사'라는 직업이 존재하지 않았다고 한다. 토지 소유권을 증명하는 것처럼 자신의 이해관계와 관련한 다툼이 벌어졌을 때 그리스 시민은 법정에서 스스로 자신의 입장을 변호해야 했다. 그러므로 당시에는 말로 사람을 설득하는 '수사적인 능력'이 그리스 시민이라면 누구나 갖추어야 할 핵심 덕목이었다. 아리스토텔레스가 『수사학』에서 "자신의 육체를 스스로 방어할 수 없는 것이 부끄러운 일이라고 한다면, 말로 자신을 보호할 수 없음을 부끄러워하지 않는 것 역시 불합리한 일이다"라고 쓰고 있는 이

유도 고대 그리스인들에게는 '말하기'가 곧 '행동하기'를 의미했기 때문이다.

 이 책에서 소개하는 학문으로서 설득에 대한 지식이 독자의 자기 방어를 위해 소중하게 사용되기를 기대한다. 설득하는 능력은 고대 그리스 시대뿐만 아니라 현대사회에서도 여전히 필수적으로 갖춰야 할 핵심 경쟁력이다. 아리스토텔레스와 친해져야 21세기를 행복하게 살 수 있다. 필자는 이 책이 한 번 보고 책장에 꽂히는 책이 아니라 머리맡의 한 자리를 차지하면 좋겠다. 늘 독자의 삶과 함께하는 책이 되기를 바란다.

2022년 8월 백향재에서

이 현 우

1부 | 에토스ethos
설득의 시작, 유리한 조건 만들기

2부 | 로고스logos
설득의 절정, 언어의 기술로 끌어당기기

3부 | **파토스**pathos
설득의 완성, 감정 배치하기

useful

persuasion

1부

ethos & persuasion

에 토 스
설득의 시작 유리한 조건 만 들 기

설득에 성공하기 위한 밑그림 그리기

배우 전지현을 모르는 사람은 아마 많지 않을 것이다. 하지만 얼마 전까지만 해도 새벽 배송 서비스를 최초로 시작한 '마켓 컬리'라는 스타트업을 아는 사람은 그리 많지 않았다. 대부분의 신생 회사처럼 마켓 컬리 역시 인지도 부족이라는 고민을 안고 있었다. 그런데 배우 전지현이 마켓 컬리의 광고 모델이 되고 나서부터 마켓 컬리는 새로운 고민에 빠지게 되었다. 주문이 폭주하여 고객의 수요를 어떻게 따라잡느냐 하는 것이었다. 매출은 창업 5년 만에 54배로 늘어났다. 마케팅에 종사하는 사람들은 이런 현상을 '전지현 효과'라고 부른다. 설득 전문가들은 이런 현상을 '에토스 효과'라고 부른다. 미국의 금융 서비스 회사 E. F. 허튼(Hutton)의 광고 카피는

"When Hutton talks, people listen(허튼이 말하면, 사람이 듣는다)"이다. 배우 전지현이 말하면 사람들이 듣는 이유는 왜일까?

에토스(ethos)는 본래 '성격'이나 '관습' 등을 의미하는 고대 그리스어다. 수사학에서 에토스는 화자의 고유한 성품을 뜻한다. 위키피디아는 에토스가 화자의 체형, 자세, 옷차림, 목소리, 단어 선택, 시선, 성실, 신뢰, 카리스마 등 많은 것을 포함하고 있는 단어라고 정의한다.

1장부터 3장은 아리스토텔레스부터 현대 SNS 시대까지 에토스 개념의 발전 과정을 설명하고 있다. 1장은 에토스의 핵심 개념을 아리스토텔레스의 『수사학』과 『니코마코스 윤리학(Nicomachean Ethics)』을 중심으로 상세하게 설명하고 있다. 에토스는 현대 과학에 의해 '공신력(source credibility)'이라는 이름으로 바뀌게 되었다. 2장은 공신력에 대한 현대 과학의 연구 성과를 소개한다. SNS 시대에도 에토스의 개념은 여전히 유용하다고 말한다. 3장은 인터넷 시대의 에토스 개념의 변화를 설명하고 있다.

아리스토텔레스의 에토스 개념은 현대 과학에 의해 훨씬 광범위하게 확장되었다. 최초의 공신력 개념과 함께 현대 과학은 화자에 대한 호감도 역시 에토스의 범주에 포함하고 있다. 미국 레이건 전 대통령의 선거 캠페인 참모를 역임했던 로저 에일리스(Roger Ailes)는 "개인의 설득력을 높이는 가장 강력한 무기는 상대방에게 호감을 얻는 능력에 있다"라고 말했다. 4장부터 7장까지는 화자에 대한 호감을 높이는 대표적인 설득 기법인 신체적 매력(4장), 유사성(5장), 칭찬하기(6장), 그리고 자기 노출(7장)에 관한 연구 성과를 설명하고 있다.

화자의 권위는 에토스의 세 번째 범주에 속한다. 화자의 권위는 화자의 공신력이나 호감도와 상관없이 화자가 담당하는 사회적 역할과 기능에 의해 만들어진다. 8장은 밀그램(Milgram) 교수의 실험 결과를 중심으로 화자의 권위에 관한 연구 성과를 설명하고 있다.

정리하면 21세기의 에토스는 세 마리의 말이 끄는 삼두마차라고 할 수 있다. 흥미롭게도 설득 연구자들은 화자와 관련된 공신력, 호감, 그리고 권위라는 요소가 각각 독특한 과정을 통해 설득 효과를 만들어낸다고 설명하고 있다. 먼저 공신력은 가장 내면적인 반응 과정을 필요로 한다. 누군가를 신뢰하기 위해서는 그 사람과 자신의 가치관이나 태도가 서로 조화를 이루어야만 가능하기 때문이다.

반면 타인에 대한 호감은 내면적 태도나 가치관보다는 외부로 드러나는 동질감의 표현 욕구에 기초하고 있다. 예를 들어 아름다운 광고 모델이 사용하고 있는 화장품을 소비자가 구매하는 이유는 그들도 광고 모델처럼 아름다워지고 싶다는 강력한 자기표현이다. 자기표현 욕구가 강한 사람을 설득하기 위해서는 화자의 매력을 마음껏 보여주어야 한다.

한편, 화자의 권위에 사람들이 순응하는 이유는 그로 인해 얻어지는 보상이나 혹은 피하게 되는 징계 때문이다. 예를 들어 우리가 경찰이 차를 세우라고 하면 순순히 복종하는 것은 경찰이 믿음직스럽다거나 경찰을 좋아해서가 아니라 그렇게 행동하지 않으면 처벌이 뒤따르기 때문이다.

01
누가
설득하는가?

아리스토텔레스가 활동했던 고대 그리스 시대에는 수백 개에 이르는 도시국가가 존재했다. 가장 규모가 큰 도시국가의 하나였던 아테네의 인구는 15만 명 정도에 지나지 않았다. 도시국가의 운영은 모든 시민이 참여한 직접민주주의에 의해 이루어졌다. 시민 전체가 참여하는 민회, 대표자들이 참여하는 크고 작은 위원회, 시민들이 배심원으로 참여하는 법정 등에서 그리스인들은 논쟁과 토론을 거쳐 모든 일을 직접 결정했다.

그리스 로마의 문화적 배경에서 개인의 수사학적 능력은 사회적인 성공을 위해 필수불가결한 요소였다. 실제로 수사학의 대가였던 키케로는 부유한 귀족 가문이나 위대한 장군 출신이라는 조건을 갖추지 않고서도 로마 원로원의 최고 자리에 오를 수 있었다. 키케로의 집정관 등극은 로마 역사상 전무후무한 사건이었는데, 모두가 그의 수사학적 말하기 능력 덕분이었다.

그런데 키케로의 수사학 관련 주요 저서의 제목들은 대부분 '연설가(orator)'라는 단어를 사용하고 있다. 수사학에서는 기술이 아니라 사람이 핵심이라는 사실을 강조하려는 의도였을 것이다. 키케로의 이런 관점은 아리스토텔레스가『수사학』에서 정립한 에토스 개념과 일맥상통한다. 구체적으로 아리스토텔레스의 에토스 개념은 다음의 4가지 쟁점을 통해 명확하게 정리할 수 있다. 지금부터 에토스의 위상, 에토스의 실체, 에토스의 구성 요소, 그리고 에토스의 가변성이라는 쟁점에 관해 더욱 자세히 알아보자.

누가 말하느냐에 따라 달라지는 설득 효과

에토스라는 개념은 아리스토텔레스 이전에도 존재했지만, 아리스토텔레스는 에토스에 최고의 훈장을 달아주었다. 아리스토텔레스는 에토스, 로고스, 파토스라는 3가지 설득 수단 중에서 에토스가 가장 강력한 설득의 도구가 될 수 있다고 말했다. 이를테면 삼형제 중 장남의 위상을 에토스에 부여해준 것이다. 아리스토텔레스의 말을 잠깐 인용해보자.

말하는 사람이 자신을 믿을 만한 사람으로 만들게끔 말했을 때, 우리는 그 사람의 품성 때문에 그의 말을 믿는다. 일반적으로 모든 일에 대해서, 심지어 확실성도 없고 애매모호한 것들만 가득 찬 일에 대해서도, 올바른 길을 걷는 사람이 말하면 우리는 더 많이, 더 전적으로 그의 말을 믿는다.……사람의 품성이란, 말하자면 믿음을 주는 데에 있어 거의 최고의 힘이라고 할 수 있다.

듣는 사람이 말하는 사람의 품성을 신뢰하면 화자의 주장은 받아들여질 가능성이 커진다고 아리스토텔레스는 말한다. 품성이 최고의 믿음을 준다는 아리스토텔레스의 찬사를, 설득은 말만 잘하는 것으로 충분하지 않다는 뜻으로도 해석할 수 있다. 우리나라의 한 정치인은 "저렇게 옳은 소리를 저토록 싸가지 없이 말한다"라고 비난받았다. 싸가지는 다른 사람에 대한 예의나 배려를 의미하는 말이다. 같은 말이라도 누가 어떻게 말하느냐에 따라 그 결과는 크게 달라진다. 이치에 어긋나지 않는 옳은 말이 필요조건이라면 에토스는 충분조건이라고나 할까?

그렇다고 화자의 에토스가 만병통치약처럼 언제나 효과적일 수는 없다. 청중이 화자의 에토스를 판단의 기준으로 삼는 때는 언제일까? 아리스토텔레스는 계속해서 화자의 에토스가 작동하는 최적의 상황을 설명하고 있다. 찬반 혹은 가부 양쪽의 논리가 팽팽하게 맞서 확실한 판단이 서지 않을 때 사람들은 화자의 에토스에 기대어 판단한다는 것이다. 로고스의 기준으로 판단이 불가능할 때 청자의 유일한 선택 기준은 에토스가 될 수밖에 없다. 그래서 아리스토텔레스는 논증을 빈틈없이 하는 것보다 '품위 있게 보이는 것'이 더 바람직하다고 말했을 것이다.

훌륭한 사람은 설득력이 뛰어나다?

'닭이 먼저냐, 달걀이 먼저냐?'는 세기적 논쟁이 있다. 에토스에도 비슷한 논쟁이 있다. '품성이 좋은 사람이 말을 잘하는가, 말을 잘하는 사람이 품성이 좋다고 인식되는가?' 하는 논쟁이다. '훌륭한 사람은 말을 잘한다(A good man speaks well)'라는 유명한 말을 남긴 퀸틸리아누스를 비롯한 많은 수사학자들은 에토스와 말하는 사람 자체를 동일시하여 화자가 이미 가지고 있는 평판을 에토스라고 간주했다. 하지만 아리스토텔레스는 에토스가 말하는 사람이 '소유한' 품성이 아니라 말하는 사람의 담론을 통해서 '만들어지는' 품성이라고 설명한다.

아리스토텔레스는 '수사학의 대상이 판단'이라고 말했다. 그리고 판단의 주체는 듣는 사람이기에 에토스는 청자의 판단으로 결정된다고 생각했다. 설득하는 일이 화자의 말을 통해 이루어져야지, 단지 말하는 사람이 어떤 품성을 지닌 누구라는 선입견을 통해 이루어져서는 안 된다는 것이 아리스토텔레스의 관점이다.

현대 설득 커뮤니케이션 학자들은 대부분 아리스토텔레스의 에토스 관점을 지지하고 있다. 에토스는 화자가 소유한 특성이 아니라 청자가 화자에게 부여한 특성이라는 주장이 지배적이다. 예를 들어 미국 바이든 대통령의 말이 모든 사람들에게 믿음직하게 들리지는 않을 것이다. 미국의 민주당원들에게는 달콤하게 들리는 말도 공화당원들에게는 역겨운 말로 들릴 수 있다.

에토스는 물론 말하는 사람의 좋은 품성에 기초하고 있지만, 문제는 그 품성을 말을 통해서 어떻게 보여주느냐가 설득 수단으로서 에토스의 핵심 과제가 된다. '구슬이 서 말이라도 꿰어야 보배'라는 우리 속담처럼 에토스는 화자의 말을 통해 보배로 태어나야 그 가치를 인정받는다. 화자는 자신의 좋은 품성을 어떤 말로 전달해야 아름다운 목걸이, 팔찌, 반지가 만들어질 수 있는지에 대해서 심각하게 고민해야 한다.

귀 기울이게 만드는 것들

화자는 자신의 어떤 성격과 품성을 보여주어야 청중의 지지를 받을 수 있을까? 아리스토텔레스는 에토스를 단일 개념이 아니라 여러 가지 차원으로 구성된 복합 개념으로 이해했다. 아리스토텔레스는 『니코마코스 윤리학』에서 에토스가 실천적 지혜(good sense), 사심 없는 마음(good will), 그리고 미덕(good character)의 3가지 하위 개념으로 이루어져 있다고 말한다. 화자가 이 3가지 모두를 가지고 있는 것처럼 보여야 듣는 사람이 확신을 가질 수 있다고 그는 덧붙이고 있다. 에토스의 3가지 요소를 다 갖춘 화자가 진실을 말하지 않거나 사람을 속일 수는 없다는 것이 아리스토텔레스의 설명이다. 현실적으로 매우 어려운 주문을 아리스토텔레스는 화자에게 하고 있다. 그만큼 화자에게 에토스가 필수적으로 요구되는 조건이기 때문일 것이다. 에토스의 하위 요소 3가지를 보다 자세히 설명해보자.

첫째, 실천적 지혜는 주어진 상황에서 올바른 결정을 내릴 수 있는 통찰력을 말한다. 실천적 지혜가 없는 화자는 정확한 의견을 제시할 수 없어 청중들이 무지한 판단을 하게 된다. 경청할 만한 가치가 없으면 사람들은 화자의 말에 귀를 기울이지 않을 것이다. 그렇다고 화자가 모든 것을 알고 있다는 식으로 말해도 청중에게 믿음을 주지 못한다. "Don't sell you. Instead, let them buy you(잘난 척하지 말라. 대신, 상대방 스스로 당신을 잘난 사람으로 여기게 만들어라)"라는 영어 표현이 있다. 실천적 지혜가 있는 화자는 전문 지식을 자랑하는 사람이 아니다. 상대방이 '스스로' 올바른 결정을 하도록 도와주는 사람이다.

둘째, 사심 없는 마음은 윤리적 차원의 품성이다. 지혜로운 사람이라도 사심이 개입되면 청중을 위한 최선의 권고를 하지 않게 된다. 상대방에게 도움이 되지 않는 설득은 윤리적인 설득이 아니다. 사심 없는 마음이란 상대방의 이익을 위해 자신을 기꺼이 희생할 준비가 되어 있는 마음가짐을 말한다. 사심 없는 마음은 자연스럽게 타인에 대한 호의로 연결된다. 아리스토텔레스는 『수사학』 2권 7장에서 호의는 도움을 주는 사람이 어떤 보답이나 개인적인 이익을 바라지 않고, 오직 도움받는 사람의 이익을 위해 행동하는 마음이라고 말하고 있다.

아리스토텔레스는 진정한 호의는 다음과 같은 상황에 해당한다고 구체적인 예시를 제시하고 있다. 도움이 매우 급한 경우, 도움의 정도가 갚기 어려울 정도로 큰 경우, 매우 중요하고 어려운 상황에서 도움을 준 경우, 도움을 준 사람이 유일하거나 첫 번째로 도움을 준 경우, 혹은 최고 수준의 도움이 주어졌을 경우에 호의의 정도가 더욱 커진다는 것이다.

아리스토텔레스는 이어서 사심 없는 마음에 해당하지 않는 경우도 친절하게 설명하고 있다. 첫째, 자신의 이익을 위해 남에게 도움을 주거나 주었던 경우, 둘째, 우연이나 강제로 도움이 주어졌을 경우, 셋째, 자신이 받았던 도움을 되갚는 경우이다. 이러한 방식들은 단순한 주고받기에 불과하므로 사심 없는 마음의 범주에 들지 않는다는 것이다. 아리스토텔레스의 높은 도덕적 기준이 우리를 놀라게 한다.

마지막으로, 미덕은 앞의 두 요소보다 조금 더 포괄적인 개념이고 언어보다 행동으로 드러나는 속성을 지니고 있다. 아리스토텔레스는『니코마코스 윤리학』에서 실천적 지혜는 지적인 차원의 덕으로, 그리고 사심 없는 마음은 윤리적인 차원의 덕으로 설명하면서 미덕을 지적인 덕과 윤리적인 덕을 아우르는 총체적인 개념으로 제시하고 있다.

'차면 넘친다'고 했듯이 지적인 덕과 윤리적인 덕을 갖춘 에토스는 행동으로 발현된다. 그리스어로 덕을 아레테(arete)라고 하는데 이것은 '훌륭함'이라는 뜻이다. 모든 사물은 나름대로 훌륭한 상태가 있는데 그것이 바로 아레테이다. 말하는 사람의 미덕은 다양한 행동으로 표출된다. 남을 배려하는 행동, 남을 존중하는 행동, 자신의 책임을 인정하는 행동 등등 우리가 본받고 싶어 하는 모든 행동은 말하는 사람이 미덕을 갖추고 있음을 분명하게 증명하고 있다.

화자가 이 3가지 요소를 모두 갖추고 있는 것처럼 보여야 듣는 사람에게 확신을 줄 수 있다는 것이 아리스토텔레스의 결론이다. "이 3가지(실천적 지혜, 사심 없는 마음, 미덕)가 전부다"라고 아리스토텔레스는 단정적으로 말하고 있다.

시대와 상황에 따라 달라지는 에토스

에토스의 능력을 갖추는 것은 자전거 타는 법을 배우는 것과는 전

31

혀 다른 과정이다. 처음부터 자전거를 잘 탈 수는 없다. 넘어져서 피가 나고 멍이 들고 하는 과정을 반복하다 보면 자신도 모르게 자전거를 잘 탈 수 있게 된다. 일단 자전거 타는 법을 배우고 나면 오랫동안 자전거를 타지 않더라도 자전거를 쉽게 탈 수 있다.

반면 에토스는 지속적인 성찰 과정을 요구하고 있다. 자신이 주어진 상황에서 적절하게 행동하고 있는가에 대해 의식적으로 관찰하고 평가하는 과정을 통해 화자의 에토스는 더욱 성숙해진다. 에토스는 항상 가변적이다. 에토스를 갖추는 데는 많은 시간이 필요하지만 한순간에 잃을 수도 있다.

02

공신력의 설득 효과는
왜 점점 더 커지는가?

아리스토텔레스가 2300여 년 전에 제시한 에토스라는 개념은 제 2차세계대전을 거치면서 '공신력'이라는 새로운 이름으로 재탄생했다. 공신력은 화자의 신뢰도에 대한 청중의 믿음을 지칭하는 개념이다. 제2차세계대전 중 연합군 연구소에 근무했던 예일 대학의 호블랜드(Hovland) 교수는 나치의 과도한 선전 전략에 연합군 병사들이 크게 영향을 받을 것을 우려해서 공신력에 관한 연구를 시작했다. 전쟁을 마치고 그는 예일 대학으로 돌아와 와이스(Weiss) 교수와 함께 최초의 현대판 에토스 연구를 수행하고 그 결과를 학계에 보고했다.

그의 실험은 매우 간단했다. 연구팀은 머지않아 원자력 잠수함을 건조하는 것이 가능할 것이라는 내용의 메시지를 사람들에게 제시하고는 일부 사람들에게는 그 글이 매우 공신력이 높은 정보원(미국의 저명한 원자물리학자 로버트 오펜하이머 박사)의 주장이라고 소개하거나 혹은 그 글이 매우 공신력이 낮은 정보원(소련 공산당 기관지 「프라우다」)의 주장이라고 소개했다. 실험이 진행된 1951년 당시만 하더라도 원자력 잠수함을 만든다는 것은 공상과학 소설에서나 가능한 일이라고 믿었다. 하지만 실험 결과 오펜하이머의 주장이라고 믿은 실험 집단에서는 많은 사람들이 의견을 바꾸어 원자력 잠수함의 가능성을 믿게 되었지만 「프라우다」에서 주장한 메시지라고 믿은 실험 집단에서는 의견을 바꾼 사람이 거의 없었다.

공신력에 관한 최초의 과학적 실험은 이처럼 매우 단순하게 시작되었지만, 이후 공신력에 관한 연구는 커뮤니케이션 학문의 핵심 연구 주제로 자리매김했다. 공신력의 설득 효과에 대한 논문들이 수십 년 동안 축적되면서 최근 들어 공신력의 설득 효과를 메타 분석을 통해 종합 정리하려는 움직임이 여럿 시도되고 있다. 방대한 내용의 공신력 관련 메타 분석 결과는 다음과 같은 핵심 정보 형태로 요약할 수 있다.

전문가의 말은 왜 믿음이 가는가?

아리스토텔레스는 에토스가 단일 개념이 아니고 3가지 하위 요소로 구성되는 복합 개념이라고 주장했다. 현대 과학자들 역시 공신력의 하위 구성 요소를 찾기 위해 엄청난 시간을 소비했다. 아리스토텔레스처럼 현대 과학자들도 공신력은 화자가 소유하고 있는 자질이 아니라 청중이 화자에게 부여한 자질이라고 생각했다. 하지만 요인 분석(factor analysis)이라는 연구 방법론에 따라 학자들이 발견하고 보고한 공신력의 하위 구성 요소는 천차만별로 나타났다. 전문성, 믿음성, 성실성, 외향성, 침착성, 사회성, 고취성, 선의 등의 다양한 후보가 등장한 것이다.

그러나 수십 년에 걸친 연구 결과가 축적되면서 서서히 공신력의 양강 후보가 확실하게 드러났다. 현대 설득 이론은 공신력이 화자의 전문성(expertise)과 믿음성(trustworthiness)이라는 2가지 하위 구성 요소로 이루어진다고 말하고 있다. 전문성은 아리스토텔레스의 실천적 지혜 개념 그리고 믿음성은 사심 없는 마음의 개념과 매칭된다. 현대 과학은 아리스토텔레스의 세 번째 구성 요소인 미덕이 에토스의 한 부분으로 더 이상 존재하지 않는다는 사실을 분명히 하고 있다. 현대 과학자들은 미덕이라는 요소가 믿음성의 일부분으로 흡수되어 그 존재가 미미해졌다고 설명하고 있다.

설득에 이르는 2가지 길

아리스토텔레스는 에토스를 가장 강한 설득의 근거로 간주했지만, 현대 과학으로 분석한 에토스의 설득력은 생각보다 크지 않았다. 공신력 효과를 처음으로 메타 분석한 윌슨(Wilson)과 세럴(Sherrell) 교수 연구팀은 설득 효과를 결정하는 과정에서 공신력의 설명력은 9%에 지나지 않는다고 보고하고 있다.[3] 1950년대부터 1990년대 초까지 출판된 공신력 효과 관련 논문에서 보고된 114개의 개별 실험 결과를 메타 분석으로 종합 정리한 효과 지표는 실망스러운 수준이었다.

현대 과학은 왜 공신력의 효과가 생각보다 낮게 나타났는가에 대해 2가지 설명을 제공하고 있다. 첫째, 많은 설득 연구들이 공신력은 설득 과정에서 직접적으로 설득 효과를 결정하기도 하지만 다른 변인과의 상호작용을 통해 간접적인 방법으로 설득 효과를 만드는 경우가 더 많다고 지적하고 있다. 예를 들어 높은 공신력은 메시지에 대한 주의를 집중하게 만들어 결국 높은 설득 효과로 연결되기도 한다. 그러므로 공신력의 직접적 효과가 생각보다 낮다고 너무 실망할 일은 아니다.

둘째, 현대의 대표적인 설득 이론으로 평가되는 정교화 가능성 모델(ELM, Elaboration Likelihood Model)은 설득에 이르는 길이 2가지 있다고 설명하고 있다. 설득 주제에 대한 사람들의 관여도가 높아지면 메시지의 주장에 대해 더 많은 주의와 에너지를 집중하는 '중심 경로'를 통해 설득 효과가 발생하고, 관여도가 낮은 상태에서는 화자와 관련된 요소에 집중하는 '주변 경로'를 통해 설득 효과가 발생한다는 것이다. 정교화 가능성 모델에 의하면 화자와 관련된 공신력 요소는 주로 관여도가 낮은 상태에서 작동한다. 그러므로 청중의 관여도가 높아지면 상대적으로 공신력의 설득 효과는 낮아지기 마련이다. 비유적으로 말하면 신라면 광고에서 모델이 마음에 들면 기존에 먹던 오뚜기 라면 대신 신라면을 한번 구매해볼 수는 있지만, 자동차 광고 모델이 마음에 든다고 해서 하루아침에 자동차를 바꿀 수는 없는 일이다. 이러한 2가지 설명을 감안해서 공신력의 중요성을 판단해야 할 것이다.

전문성이냐, 믿음성이냐?

아리스토텔레스는 에토스의 하위 구성 요소들이 서로 갈등을 일으킬 수 있다는 사실을 일찍부터 알아차렸다. 다음과 같은 그의 말에 의하면 아리스토텔레스가 가장 중요하게 여기는 에토스의 하위 구성 요소는 사심 없는 마음으로 보인다. 그 뒤를 이어 미덕, 그리고 실천적 지혜의 순서로 중요도의 가중치를 매길 수 있다.

지혜가 부족하므로 부정확한 의견을 형성하거나, 의견이 옳더라도 악의에 의해 자신이 생각하는 바를 말하지 않거나, 만약 지혜가 있거나 미덕이 있더라도 사심 없는 마음이 부족할 수 있다. 사심이 개입되면 비록 정확하게 알고 있더라도 최선의 권고를 하지 않게 된다.

하지만 공신력 효과에 관한 메타 분석은 전문성의 요소가 가장 중요하다고 말한다. 설득 효과를 결정하는 과정에서 공신력의 종합적인 설명력은 9%에 지나지 않았지만 하위 구성 요소들을 개별적으로 분석한 결과 전문성 요소의 설명력은 16%인 데 반해 믿음성 요소의 설명력은 7%로 나타났다. 전문성 요소의 설명력은 믿음성 요소의 설명력보다 2배 이상 높은 수치를 보여주었다. 현대인들에게는 화자의 전문성이 가장 중요한 판단의 기준이 되고 있음을 엿볼 수 있는 결과다.

독일의 아이젠드(Eisend) 교수는 '아직도 공신력의 효과가 유효한가?'라는 질문에 대한 답을 얻기 위해 수행한 메타 분석 연구 결과를 2004년에 발표했다.[4] 그는 특별히 마케팅 커뮤니케이션 환경에서 공신력 효과에 주목했다. 메타 분석 연구의 핵심은 시대적 배경이 달라진 현대에도 공신력 효과가 여전히 존재하는가를 검증하기 위함이었다.

아이젠드 교수는 2가지 서로 상반되는 가설을 제기했다. 첫 번째 가설은 부정적 예측에 기반을 두고 있다. 예전과 달리 포스트모던 시대의 소비자는 권위에 도전하는 성향이 강하고, 소비 경험도 많아 마케팅 정보원에 대해 더욱 비판적으로 반응할 것이기에 시간이 흐름에 따라 공신력 효과는 더욱 낮아질 것이라는 가설이다. 반면 두 번째 가설은 긍정적 예측에 기초하여 제시되었다. 포스트모던 시대의 소비자는 정보 홍수 시대에 살고 있기에 판단의 불확실성이 더 커져서 현대에 공신력 효과가 더욱 크게 작용할 것이라는 가설이다.

53개의 기존 실험 결과를 총망라하여 메타 분석한 결과는 긍정적 예측에 기반을 두고 있는 두 번째 가설의 손을 들어주었다. 마케팅 환경에서 공신력 효과는 시간이 흐름에 따라 더욱 커지고 있는 현상이 분명하게 나타났다고 보고하고 있다. 아이젠드 교수는 특히 그러한 경향이 제조업보다 서비스업에서 더욱 현저하게 발견되었다고 추가로 보고하고 있다. 소비자가 직접 제품을 경험하여 판단할 수 있는 제조업과는 달리 서비스업에서는 무형의 재화에 관한 판단이 쉽지 않기에 정보원에 대한 의존도가 더 크게 나타났을 것이다. 판단의 어려움을 겪고 있는 정보의 홍수 시대에는 오히려 공신력의 효과가 커질 것이라는 예측에 부합되는 결과가 분명하다. '노병은 죽지 않는다'는 맥아더 장군의 말처럼 에토스는 21세기에도 여전히 그 위력을 자랑하고 있다.

03
SNS 시대의
설득법

좋은 소문이든 나쁜 소문이든 소문은 빠르게 전파되고 그 속도만큼 엄청난 영향력을 발휘한다. 입소문을 지칭하는 표현을 영어로 'WOM(word-of-mouth)'이라고 하는데, SNS 시대를 맞이하여 WOM 커뮤니케이션의 중요성은 더욱 커지고 있다. SNS 시대에 새롭게 등장한 eWOM(electronic WOM)이라는 용어로 인해 WOM은 기존의 'word-of-mouth' 대신 'word-of-mouse'라는 새로운 표현으로 대체되었다.

현대인은 여가 시간에 주로 인터넷 쇼핑을 하는 만큼 온라인 상거래는 활발하게 이루어지고 있다. 마케팅 영역에서의 공신력을 연구하는 학자들도 이제는 기업이 주도하는 광고 모델의 공신력 대신

eWOM이 제공하는 정보의 공신력을 연구하는 데 더 많은 관심을 기울이고 있다.

상세 페이지를 능가하는 온라인 리뷰

eWOM을 키워드로 검색한 결과 2000년부터 2018년까지 eWOM 관련 주제로 출판된 논문의 수는 600개가 넘었다. 이러한 배경에서 영국의 이스마길로바(Ismagilova) 교수 연구팀은 2020년 매우 흥미로운 메타 분석 연구 결과를 발표했다.[5]

연구팀은 과거에는 기업이 광고 커뮤니케이션을 통해 제공하는 정보에 따라 소비자가 구매 의사를 결정했다면 인터넷 시대의 소비자들은 eWOM 커뮤니케이션을 주로 사용한다는 사실을 기초로 eWOM의 공신력 효과를 분석했다. 온라인에서 구매 의사 결정에 도움이 되는 정보를 검색하면 엄청난 양의 정보 홍수를 경험하게 된다. 그러기에 역설적으로 eWOM의 공신력이 정보의 선택을 위해 더욱 중요하다는 것이 연구팀의 설명이다.

연구팀은 eWOM의 대표적인 형태인 온라인 리뷰를 연구 대상으로 했던 논문들에 대해 메타 분석을 실시했다. 미국의 리뷰 마케팅 전문 회사 옐프(Yelp)의 2018년 연차 보고에 의하면 미국 소비자들은 1분에 2만 6380건의 온라인 리뷰를 포스팅한다고 한다. 우리나라의 시장조사 전문기관 트렌드 모니터의 설문조사 결과도 전체 소비자의 80% 이상이 구매 결정 전 온라인 리뷰를 항상 확인하며, 리뷰가 많은 제품을 구매하는 경향이 높다는 것이었다. 특히 35세 미만의 소비자에게서 이러한 성향이 더욱 강하게 나타난다는 사실도 함께 보고되었다. 온라인 리뷰가 구매 의사 결정에서 꼭 거쳐야 할 과정이라면 온라인 리뷰어의 공신력에 관한 연구는 매우 시의적절할 것이다.

연구팀은 메타 분석을 위해 2000년부터 2018년까지 발표되었던 총 20개의 논문을 선정했다. 그 결과 온라인 리뷰어의 전문성과 신뢰성에 대한 인식이 구매 의사 결정 과정에서 매우 중요한 역할을 한다는 사실이 밝혀졌다. 리뷰어와 소비자 간의 유사성을 의미하는 호모필리(homophily) 역시 구매 의사 결정을 촉진하는 역할을 한다는 사실이 추가로 보고되었다. 다시 말해 온라인에서 접하는 리뷰어가 전문성이 있고, 믿을 만하고, 자신과 여러모로 닮은 점이 많다고 판단되면 소비자는 리뷰어가 제공하는 정보에 따라 구매 의사 결정을 한다는 결론이다.

논문을 마무리하면서 이스마길로바 교수 연구팀은 웹사이트 관리자들은 온라인 리뷰어의 공신력을 판단하는 데 도움이 되는 단서들을 더욱 적극적으로 제공할 필요가 있다고 제언하고 있다. 예를 들어 해당 리뷰어가 이전에 몇 번이나 리뷰를 제공했는지, 어떤 분야에 주로 리뷰를 올리고 있는지, 그리고 '이달의 리뷰어' 등의 수상

경력이 있는지 등에 대한 정보를 추가로 제공하면 온라인 리뷰어의 공신력을 평가하는 데 매우 유용하다는 것이다.

가짜 리뷰 판별법

그러나 아이러니하게도 온라인 리뷰가 일상화되면서 신뢰도는 점차 낮아지고 있다. 마케팅 목적의 가짜 리뷰가 성행하기 때문이다. 한 보고에 의하면 2014년부터 2018년까지 온라인 리뷰에 대한 모든 평가 지표는 긍정적으로 향상되었으나 유일하게 나빠진 지표는 신뢰도였다. 2014년 온라인 리뷰에 대한 신뢰도는 72%였는데 2018년에는 68%로 하락했다. 온라인 리뷰에 대한 신뢰도를 회복하기 위해 사용할 수 있는 최근 연구 결과를 소개한다. 코넬 대학 연구팀은 가짜 온라인 리뷰를 판단하는 데 도움이 될 만한 구체적인 가이드라인 3가지를 제시한다.[6]

첫째, 가짜 리뷰에는 구체성이 없다. 본인이 직접 경험하지 않은 사실을 자세히 설명하기는 쉽지 않다. 가짜 리뷰는 구체적인 설명 대신 제품에 대한 모호한 칭찬으로 가득 차 있다. 호텔 리뷰를 예로 든다면 진짜 리뷰에서는 '욕실', '가격', '체크인 시간' 등 구체적인 언급이 많은 반면 가짜 리뷰는 '휴가', '여행', '탈출' 등 추상적 언어가 더 많이 사용되었다.

둘째, 가짜 리뷰에서는 일인칭 대명사 사용 빈도가 높다. 상대방에게 믿음을 주는 사람으로 보이기 위한 욕심이 빈번한 일인칭 대명사로 나타난다는 것이다. 일인칭 화법으로 자기 의견을 강하게 주장하는 리뷰는 가짜일 가능성이 높다.

셋째, 가짜 리뷰에서는 명사보다 동사가 더 많이 발견되었다. 가짜 리뷰에 대한 언어 분석 결과 가상의 경험을 스토리텔링하는 과정에서 명사를 동사로 대체하는 경향이 높았다. 진성 리뷰는 반대로 동사보다는 명사의 사용 빈도가 훨씬 높게 나타났다.

셀럽 자체가 설득의 수단

사람들에게 잘 알려진 유명 인사(celebrity, 이하 '셀럽'으로 호칭)를 마케팅 목적으로 사용하는 기법은 19세기 후반부터 시작되었다. 21세기에 들어서면서 셀럽 마케팅은 눈부시게 성장하고 있다. 기존 연구에 의하면 우리가 매일 접하는 광고 4편 중 1편은 셀럽 마케팅에 의존하고 있다고 한다. 셀럽을 광고 모델로 사용하는 비율은 나라마다 약간의 편차가 있지만, 서양보다는 아시아권에서 더 높은 수치를 나타낸다. 예를 들어 미국 광고에서 셀럽 마케팅 비율이 25% 정도인 반면 우리나라 광고에서 셀럽 마케팅 비율은 무려 61%에 이른다. [7]

셀럽 마케팅이 확산되면서 셀럽의 광고 모델료도 천정부지로 오르고 있다. 엠넷(Mnet)의 광고 모델 수익 순위 발표에 의하면 2021년 광고 수입 1위는 BTS(연간 620억 원 추정), 2위는 김수현(연간 300억 원 추정), 3위는 전지현(연간 200억 원 추정)으로 보고되고 있다. 기업의 광고 제작 총비용에서 모델료가 차지하는 비중은 10%가 넘는 것으로 알려져 있다. 미국 나이키의 연간 광고 및 프로모션 비용이 2021년 기준 3억 1100만 달러(약 3조 7천억 원)이라고 하니 광고 모델료만 3700억 원이 넘는다. 이러한 현상을 지칭해서 버거(Burger) 교수는 우리가 지금 살고 있는 세상을 셀러브리토크라시(celebritocracy, 셀럽이 지배하는 세상)라고까지 표현했다.

그렇다면 셀럽을 사용하면 정말 마케팅 효과가 발생할까? 놀(Knoll)과 마테스(Matthes) 교수 연구팀이 셀럽 효과를 분석한 44개의 학술 논문에 관해 메타 분석한 결과 셀럽 효과는 분명히 존재하는 것으로 보인다.[8] 연구팀의 보고에 의하면 셀럽의 이미지와 브랜드 이미지가 일치할 때, 셀럽이 명시적으로 설득하기보다는 암시적으로 설득할 때, 소비자에게 익숙하지 않은 브랜드를 셀럽이 소개할 때 셀럽 마케팅의 설득 효과가 크게 나타났다. 또한 여자보다는 남자, 전문 모델보다는 연예인 셀럽의 설득 효과가 더 큰 것으로 밝혀졌다.

하지만 모든 일에는 명암이 있는 법이다. 셀럽에게는 스캔들이라는 위험 요소가 항상 존재한다. 예를 들어 광고 모델이 음주운전, 마약, 학력 위조, 미투 등의 스캔들에 연루되면 해당 제품은 커다란 이미지 손상을 입게 된다.

2020년 여름, 하늘이 두 쪽 나도 전혀 스캔들이 없다고 주장하는 새로운 셀럽이 세상에 등장했다. 22세 나이로 소개된 사이버 셀럽 '로지'의 얘기다. 사이버 인플루언서 로지는 한 언론 인터뷰에서 자신을 "나이는 변함없는 22세이고 MBTI는 활동가형 ENFT"라고 소개했다. 로지는 2021년에만 20억 원에 달하는 광고 수입을 올린 것으로 알려져 있다. 블룸버그 통신은 2025년에는 사이버 셀럽의 시장 규모가 14조 원을 넘어 인간 셀럽(13조 원)보다 더 중요한 마케팅 수단이 될 것으로 예상하고 있다. 아리스토텔레스가 21세기에 살았다면 사이버 셀럽에 대해서도 주옥같은 명언을 남겼을 것이다.

04

첫인상은 설득력을
얼마나 높이는가?

아름다움은 원래 예술의 영역이었다. 시인들은 찬란한 미사여구를 총동원하여 아름다움을 찬미했다. 영국의 시인 존 키츠(John Keats)는 「그리스 항아리에 대한 송사(Ode on a Gracian Um)」의 마지막 구절에서 다음과 같이 말하고 있다.

아름다움은 진리, 진리는 아름다움.

이것이 그대가 지상에서 알고 있는 전부이며,

그대가 알 필요가 있는 전부라네.

'보기 좋은 떡이 먹기도 좋다'는 우리나라 속담 역시 겉보기에 아름다운 것이 속 내용도 아름다울 것이라는 일반인들의 믿음을 반영하고 있다. 심리학자들은 일반 대중이 갖고 있는 아름다움에 관한 믿음이 과연 근거가 있는가를 과학적으로 실험했다. 신체적 아름다움의 효과에 대한 최초의 과학적 실험은 1972년 디온(Dion) 교수 연구팀에 의해 수행되었다. 사람들은 얼굴이 예쁜 사람이 그렇지 않은 사람에 비해 성격이 좋을뿐더러 사회적으로도 성공한다는 믿음을 가지고 있다는 사실이 분명하게 밝혀졌다. 연구팀은 실험 결과를 "아름다운 것이 좋은 것이다(What is beautiful is good)"라는 말로 요약했다. 현대 과학은 키츠의 시가 과학적 차원에서도 훌륭한 근거에 기초하고 있다는 사실을 분명하게 증명하고 있다.

신체적으로 매력적인 사람일수록 설득력이 좋은가?

디온 교수 연구팀의 보고 이후 신체적 매력의 효과를 주제로 다룬 논문들이 우후죽순처럼 쏟아져 나왔다. 최초의 연구 이후 10년이 채 되기 전인 1981년에 이미 500편에 달했다. 학자들의 보고에 따르면 상대방의 신체적 아름다움은 우리의 지각과 인식 체계를 철저하게 왜곡한다고 한다. 이러한 현상을 '후광 효과(halo effect)'라는 개념으로 설명한다. 첫인상이 결정되는 과정에서 주로 작동하는 후광 효과는 어떤 사람의 긍정적이거나 부정적인 특성 하나가 그 사람 전체를 평가하는 데 지속적으로 영향을 미치는 현상을 말한다. 첫 만남에서 타인의 신체적 매력이 바로 그러한 역할을 한다. 잘생긴 사람을 만나면 우리는 그 사람이 친절하고 정직하고 영리할 것이라고 평가하고 호감을 느낀다는 것이다.

1991년 이글리(Eagly) 교수 연구팀은 후광 효과의 현주소를 파악하기 위해 신체적 매력 효과에 대해 최초의 메타 분석을 실시했다.[9] 1972년 이후 1987년까지 발표된 논문 중에서 76개의 실험 연구가 선정되었다. 이글리 연구팀은 신체적 매력이 만들어내는 후광 효과는 사회적 차원의 성격 판단에서 가장 분명하게 작동한다고 보고하고 있다. 신체적으로 매력적인 사람은 여전히 사교적이고, 인기가 많고, 함께하면 즐거운 사람으로 평가된다는 것이다. 그렇지만 후광 효과가 전혀 작동하지 않는 영역도 있었다. 신체적 매력도는 공감성, 정직성 등의 판단에는 전혀 영향을 미치지 않았다. 디온 연구팀의 "아름다운 것이 좋은 것이다"라는 말은 보다 제한적으로 적용할 필요가 있다고 이글리 연구팀은 지적하고 있다.

한편 이글리 연구팀은 신체적으로 매력적인 사람이 오히려 더 부정적으로 평가받는 영역도 있다는 사실을 경고하고 있다. 신체적으로 매력적인 사람은 허영심이 많고 자기중심적일 것이라고 생각하기 쉽다는 것이다.

통합의 역설(paradox of integration)이라는 개념도 신체적 매력의 어두운 면을 보여주고 있다. 아름다운 사람에게 호감을 느끼지 않는 사람은 별로 없을 것이다. 그러나 신체적인 매력 그 자체로 관계가 형성되지는 않는다. 외모가 아름다운 사람들과 관계를 맺기 위해서는 적지 않은 대가를 치러야 한다는 사실을 사람들이 잘 알고 있기 때문이다. 그래서 많은 사람들이 상대방의 신체적 아름다움을 그림의 떡으로 여긴 결과 매우 매력적인 여성이 남자 친구가 없는 현상이 벌어지기도 한다. 그러므로 너무 아름다운 외모는 오히려 만남과 관계의 걸림돌이 될 수도 있다. 가수 김부용의 '풍요 속의 빈곤'이라는 노래 가사도 통합의 역설과 비슷한 의미를 전달하고 있다.

> 항상 네 주위엔 수많은 남자들의 행렬
>
> 너의 환심 사려 아낌없는 배려, 넌 행복하겠지
>
> 그런 너였기에 물론 난 눈에 찰 리 없지
>
> 그저 멀리서만 너의 모습을 바라볼 뿐이지
>
> 우연히 알게 된 너의 생일 저녁에 쓸쓸히 혼자인 너를 봤어
>
> 그런 게 풍요 속 빈곤이라는 거야

잘생긴 사람의 설득 효과는 어디까지?

신체적 매력은 후광 효과를 통해 첫인상에 영향을 주는 것으로 그 임무를 마치지 않는다. '살결이 희면 열 허물 가린다'는 우리나라 속

담은 겉보기에 아름다운 것은 적잖은 허물도 덮을 수 있다는 뜻이다. 디온 연구팀도 신체적으로 매력적인 사람은 성공적인 사회생활을 할 것으로 예측된다고 보고하지 않았던가? 이글리 연구팀의 메타 분석이 발표된 지 9년이 지난 2000년에 랑글로이스(Langlois) 교수 연구팀이 학계에 보고한 메타 분석 논문은 신체적 아름다움 효과와 관련된 보다 광범위한 분석 결과를 담고 있다.[10]

랑글로이스 연구팀은 이전의 이글리 연구팀의 메타 분석이 실험 상황에서 처음 보는 사람의 외모를 판단하는 연구들을 대상으로 분석한 것이기에 현실 세계를 제대로 반영한다고 볼 수 없다고 비판했다. 하지만 1932년부터 1999년까지 다양한 학문 영역에서 보고된 1800개 이상의 신체적 아름다움 효과 관련 지표들을 메타 분석한 결과 이글리 연구팀과 동일한 결론을 제시했다. 신체적으로 매력적인 사람은 그렇지 않은 사람에 비해 광범위한 차원에서 사회적으로 특별대우를 받고 있다고 말이다. 이러한 현상에는 남녀노소의 차이가 없었다. 어른의 세계처럼 어린이들의 세계에서도 예쁜 아이들은 그렇지 않은 아이들에 비해 성격 판단이나 사회적 대우에서 훨씬 유리한 대접을 받았다. 그리고 여자들 못지않게 남자들도 신체적 매력에 따라 사회적 대접이 달라진다는 사실이 메타 분석에 의해 분명하게 보고되었다.

미국의 몇몇 속담은 신체적 매력이 현실 세계에서는 그리 커다란 영향력을 미치지 못할 것이라고 말하고 있다. 예를 들어 '겉표지로 책을 판단하지 말라(Never judge a book by its cover)' 또는 '외모는 피부 두께에 지나지 않는다(Beauty is only skin-deep)'는 속담이 그렇다. 하지만 랑글로이스 연구팀은 메타 분석을 마친 후 그러한 속담은 현실 세계를 제대로 반영하지 않은 헛된 신화에 불과하다고 단정적으로 말하고 있다.

상대의 외모가 판단력을 흐린다?

외모지상주의를 영어로 '루키즘(lookism)'이라고 부른다. 이 용어는 1970년대 미국 언론에 의해 처음으로 사용되었는데 2000년 8월 미국 「뉴욕 타임스」 칼럼니스트 윌리엄 새파이어(William Safire)가 루키즘이 인종, 성별, 종교, 이념에 이어 새롭게 등장한 차별 요소라고 지목하면서 그 중요성이 더욱 부각되었다. 우리나라에서도 2000년 이후 외모지상주의가 사회문제로 등장했는데, 영국의 「이코노미스트(Economist)」가 유엔(UN) 자료를 인용해 보도한 바에 따르면 한국은 인구 대비 성형수술을 가장 많이 한 나라로 간주되고 있다. 2015년 여의도연구원이 우리나라 대학생 5천여 명을 대상으로 실시한 설문에 의하면 여학생의 21.4%와 남학생의 6.8%가 취업을 위해 성형수술을 받을 의향이 있다고 응답했다.

2003년에 호소다(Hosoda) 교수 연구팀에 의해 보고된 메타 분석 논문은 취업을 위해 성형수술을 마다하지 않는 우리나라 대학생들의 결정이 결코 헛된 판단이 아니라고 말해준다.[11] 외모에 따라 직장 생활과 관련된 평가와 판단이 얼마나 쉽게 왜곡될 수 있는가를 분명하게 보여주고 있기 때문이다.

호소다 연구팀은 신체적 아름다움과 직장 생활과 관련된 사회적 평가를 주제로 한 27개의 논문을 대상으로 메타 분석을 수행했다. 그 결과 광범위한 루키즘 현상이 실제로 존재한다는 사실이 통계적으로 증명되었다. 호소다 연구팀은 외모지상주의의 현주소를 알 수 있는 몇 가지 핵심 사항을 보여준다.

첫째, 평가 대상자의 신체적 외모는 다양한 직장 관련 평가에 커다란 영향력을 미쳤다. 특히 취업 면접이나 함께 일할 동료를 선택하는 상황에서 신체적 외모의 영향력이 두드러지게 나타났다.

둘째, 외모에 기인한 판단 왜곡 현상은 대학생 집단뿐만 아니라 현직에서 근무하고 있는 인사 담당자 집단에서도 동일하게 발견되었다. 인사 전문가 집단도 외모의 영향력에서 자유롭지 못하다는 놀라운 결과가 충격을 준다.

셋째, 평가 대상자의 성별에 상관없이 신체적 외모에 따르는 판단 왜곡 현상이 발견되었다. 사회적인 통념으로 보면 주로 여성들이 외모에 따르는 사회적 차별을 받는다고 알려져 있지만 과학적인 데이터는 남성의 경우도 다를 바가 별로 없다고 말해주고 있다.

한편 다양한 경제학적 연구를 통해 외모의 가치를 돈으로 환산하는 텍사스 대학 경제학과 대니얼 해머메시(Daniel Hamermesh) 교수의 연구 결과를 보면 신체적 외모에 따르는 차별은 평가 대상자의 성별에 따라 매우 독특한 차이를 보이고 있다.[12] 그에 의하면 못생긴 여성들의 소득은 평균 수준 미모를 가진 여성보다 4% 낮지만, 못생긴 남성들의 소득은 평균 수준 미모를 가진 남성보다 소득이 무려 13%나 낮았다. 한편 잘생긴 여성들의 소득은 평균 수준의 외모를 가진 여성보다 8% 높았지만, 잘생긴 남성들의 소득은 평균 수준의 외모를 가진 남성보다 불과 4% 더 높았다. 이러한 결과는 어떻게 해석할 수 있을까? 외모에 따른 소득 차이는 남성의 경우에 징벌 차원에서 작동하며, 여성의 경우에는 혜택 차원에서 작동하는 것으로 해석된다. 해석의 타당성에 상관없이 분명한 사실은 외모에 따른 차별에는 남녀의 차이가 없다는 점이다.

05

공통분모를 찾으면
설득이 쉬워진다

신체적 매력이 호감 형성에 중요하다는 설득 전문가의 조언은 일반 사람들에게 별로 감동을 주지 않는다. 대다수 사람은 평범한 외모를 지녔기에 그러한 주장은 그림의 떡에 불과하기 때문이다. 물론 돈만 있으면 성형수술로 어느 정도까지는 외모를 바꿀 수 있지만 근본적으로 달라지는 것은 아니다.

그렇다면 상대방의 호감을 얻기 위해 보통 사람들이 사용할 수 있는 방법에는 어떤 것이 있을까? 다행히 사회과학자들은 우리가 신체적 매력으로 호감을 살 수 없을 때 대신 사용할 수 있는 대안들이 다양하게 존재한다고 말한다. 그중에서도 가장 영향력이 큰 것이 바로 '유사성의 원칙'이다.

학자들은 사람들이 자신과 닮은 사람을 좋아하는 심리적 속성을 가지고 있다고 주장한다. 상대방과 유사성이 높을수록 그 사람과 좋은 관계를 맺을 가능성도 커진다는 것이다. 어떤 학자는 심지어 유사성의 원칙을 '호감의 법칙(the law of attraction)'이라고까지 칭송한다. 유사성의 원칙은 이제 의심의 여지가 없는 사회과학 법칙의 하나가 되었다.

유사성의 원칙은 가정환경, 생활 방식, 성격, 취미, 의견 등 다양한 영역에 걸쳐 적용된다. 특히 서로 모르는 사람들 간의 첫 만남에서 가장 중요한 역할을 한다. 새로운 사람을 만났을 때 그들에게 어떤 것을 물어보는지를 한번 생각해보자. 대부분은 고향, 나이, 출신 학교 등을 물어본다. 그 이유는 서로 공통분모를 찾아내기 위해서다. 처음 만나는 사람의 성격이나 취미를 파악하기 쉽지 않기 때문에 그들의 생활 배경을 물어보고 유사성을 판단하는 것이다.

'동병상련(同病相憐)'이라는 말이 있다. 같은 병으로 고생하는 처지에 있는 사람들끼리 서로 아끼고 돌본다는 뜻이다. 김동인의 단편소설 「발가락이 닮았다」는 어떻게든 자신과 자식과의 유사성을 찾아내려는 아버지의 안타까운 마음을 그리고 있다.

유사성, 가장 강력한 설득 효과

2008년 몬토야(Montoya) 교수 연구팀은 유사성의 효과에 관한 메타 분석을 수행했다.[13] 유사성과 호감의 관계에 관해서는 엄청나게 많은 연구가 이루어졌다. 1960년대 후반 번(Byrne) 교수의 선도적인 연구 이후 쏟아져 나온 연구 논문 중에서 메타 분석에 적합한 313개의 논문을 선정했다. 메타 분석에 사용된 표본의 크기도 3만 5천 명이 넘는다.

몬토야 연구팀의 메타 분석은 유사성 효과에 대한 기존의 기대감을 저버리지 않았다. 통계학자들은 대체로 메타 분석의 크기를 효과 없음, 낮은 수준의 효과, 보통 수준의 효과, 그리고 높은 수준의 효과로 구분하는 대략적인 수치를 제공한다. 예를 들어 효과 지표의 크기가 0.37을 넘으면 높은 수준의 효과로 간주한다. 그런데 유사성이 호감을 형성하는 효과 지표는 0.47로 나타났다. 일반적인 메타 분석에서는 전혀 기대할 수 없는 최고 수준의 효과 지표가 발견된 것이다. 왜 저명한 학자들이 유사성의 효과가 "행동과학의 모든 영역 중에서 가장 강력한 효과"라거나 "사회심리학에서 가장 분명하게 일반화할 수 있는 효과"라고 극찬하는지 구체적인 숫자로 증명된 셈이다.

몬토야 연구팀의 메타 분석은 유사성 효과에 대해 매우 흥미로운 추가적인 사실도 제공한다. 몬토야 연구팀은 실제 유사성과는 상관없이 사람들이 지각하는 유사성이 호감 형성에 어떠한 영향을 미치는가에 대한 추가적인 메타 분석을 진행했다. 그 결과는 놀라웠다. 사람들이 지각하는 유사성이 호감을 형성하는 효과 지표는 0.39로 나타났다. 비록 실제 유사성의 효과 지표보다는 약간 낮지만, 이 수치 역시 매우 높은 수준이다. 다시 말해 실제로 유사성이 없다 하더라도 상대방의 호감을 얻을 수 있다는 사실을 메타 분석이 말해주고 있다.

'나도 당신처럼'이라는 말의 힘

마케팅 전문가들은 메타 분석 결과가 발표되기 훨씬 전부터 지각된 유사성의 효과를 분명하게 이해하고 있었다. 아래에 소개하는 학생의 경험담처럼 마케팅 전문가들은 의도적으로 유사성을 인식하도록 만들어서 상대방의 호감을 얻고 있다. 유사성의 원칙을 이용하기 위해 상대방과 실제로 같아질 필요는 없다. 상대방으로 하여금 유사성이 있는 것처럼 인식하게 하는 것만으로 충분하다. '나도 당신처럼'이라는 말은 생각보다 엄청난 힘을 발휘한다.

내가 단골로 가는 화장품 가게가 있다. 그곳에 처음 갔을 때는 그 가게가 워낙 작고 시장 구석에 있어서 그다지 호감을 느끼지 않았지만, 그냥 한번 구경하는 마음으로 방문했다. 그런데 화장품 가게 언니의 미소 띤 얼굴은 무척 인상이 좋았다. 그 언니는 내 얼굴을 한번 보더니 자기도 나와 같은 건성 피부라며 이것저것 화장품을 권해주었는데 그 모습이 하도 진지해서 결국 나도 모르게 그 언니가 권하는 제품을 사고 말았다. 게다가 그 언니는 내가 달라고 하지도 않았는데 사은품을 듬뿍 안겨줘서 나는 그 가게의 단골이 되고 말았다. 지금 다시 생각해보니 내가 그 화장품 가게에 대해 호감을 느끼게 된 것은 그 언니가 '나도 당신처럼'이라는 말로 우리가 건성 피부라는 공통점을 갖고 있다는 사실을 일러주었기 때문이라는 생각이 든다.

신체적 매력이 선천적인 요소라면 유사성의 원칙은 후천적인 요소에 해당한다. 마케팅 전문가들처럼 우리도 얼마든지 유사성을 인식하게 만들 수 있다. 예를 들어 당신이 직장 상사와 좋은 관계를 맺고 싶다면 먼저 직장 상사의 취미나 특기가 무엇인가를 잘 살펴서 두 사람 사이에 유사성을 형성하는 것이다. 당신의 상사가 독서를 좋아한다면 최근의 베스트셀러 중에서 화제작에 관한 대화를 시작한다. 그리고 당신도 독서가 취미임을 밝힌다. 당신과 직장 상사의 관계는 급속히 발전할 것이다.

비슷하게 행동할수록 끌리는 법

카멜레온이 주변 환경에 따라 자신의 몸 색깔을 본능적으로 변화시키듯이 인간 역시 본능적으로 주위 사람들의 행동을 자기도 모르게 모방하여 서로 닮아간다는 것이 카멜레온 효과(chameleon effect)이다.

이 분야의 대표적인 학자 바그(Bargh) 교수는 인간 행동의 무의식성과 자동성에 관한 수많은 논문을 발표했다. 차트랜드(Chartrand) 교수와 바그 교수 연구팀의 최근 연구에 의하면 인간이 다른 사람의 행동을 모방하는 것도 무의식적이고 자동화된 상태에서 진행된다고 한다. [14]

연구팀은 피실험자들이 무의식적으로 상대방의 행동을 모방한다는 사실을 3회에 걸친 실험을 통해 분명하게 보여주었다. 연구자의 조교가 코를 만지면 피실험자들은 자기도 모르게 코를 만지고, 연구자의 조교가 발을 떨면 역시 피실험자들도 발을 떨었다. 그러나 피실험자들은 자신이 조교의 행동을 모방했다는 사실을 전혀 인지하지 못하고 있었다. 마치 카멜레온처럼 자기도 모르게 상대방의 행동을 모방하는 피실험자의 행동에 연구팀은 '카멜레온 효과'라는 이름을 붙였다.

바그 교수의 주장처럼 모방이 인간의 본능적인 행동이라면 모방을 통해 얻어지는 유사성은 인간 존재의 기본적인 조건이 될 수도 있다. '나는 생각한다, 고로 나는 존재한다'라는 데카르트의 명언은 이제 '나는 닮아간다. 고로 나는 존재한다'로 바꿔야 할지도 모르겠다.

06
저항의 벽을
무너뜨리는 칭찬

칭찬은 가장 잠재력이 큰 사회적 영향력의 도구 중 하나다. 칭찬의 가치를 알리는 과학적 증거는 빠른 속도로 차곡차곡 쌓여가고 있지만 정작 사람들은 칭찬의 중요성을 아직 깨닫지 못하고 있다. 아래에 소개하는 칭찬에 대한 다양한 표현들을 보면 칭찬이 우리 삶에 얼마나 중요한지를 알 수 있다.

칭찬은 에밀레종이다. 오랫동안 여운이 남는다.

칭찬은 고스톱이다. 때와 장소가 필요 없다.

칭찬은 보너스다. 받으면 신이 난다.

칭찬은 고리대금이다. 되로 주고 말로 받는다.

심리학자 매슬로(Maslow)는 인간의 행동 동기가 계층에 따라 5단계로 구성된다고 설명했다. 사람들은 의식주 문제 해결이라는 가장 기본적인 1단계의 동기를 충족하면 다음 단계로 상향 조정한다는 것이다. 5단계 구조에서 4단계의 행동 동기는 다름 아닌 '존경과 인정'이다. 즉, 일차적으로 먹고사는 문제가 해결되면 사람들은 주위 사람들에게 인정받고 존경받기 위해 행동한다는 것이다.

술집 웨이터들은 손님이 아무리 후줄근해도 '사장님'이라고 부른다. 나이가 좀 들어 보이는 손님에게는 한술 더 떠서 '회장님'이라는 호칭도 마다하지 않는다. 술집뿐만 아니라 다른 서비스업에 종사하는 사람들 역시 비슷하게 행동하는 것을 쉽게 발견할 수 있다.

그 이유는 무엇일까? 웨이터들은 경험상으로 손님을 '사장님' 혹은 '회장님'으로 높여 부를 때 더 많은 팁을 받을 수 있다는 사실을 잘 알고 있기 때문이다. 자신이 실제로 사장님 혹은 회장님이 아니더라도 웨이터에게 그런 호칭을 들으면 마치 자신이 정말로 사장님 혹은 회장님으로 인정받고 있는 듯 기분이 좋아져서 후한 팁을 주게 된다. 이러한 심리를 조금만 일반화하면 칭찬의 효과를 발견할 수 있다.

칭찬에 약한 것이 인간

칭찬하는 사람에게 약해지는 이유는 칭찬을 들으면 기쁘기도 하지만 더 중요한 것은 존재를 인정한다는 의미이기 때문이다. 우리의 생각과 행동에 대한 칭찬은 그 정당성을 사회적으로 인정받고 지지받는 것과 동일하게 받아들인다. 그러므로 자신의 생각과 행동을 칭찬하는 사람을 좋아하는 것은 당연하다. 심리학자에 따르면 인간의 본성 자체가 칭찬에 굶주려 있으므로 명백한 사탕발림이라도 칭찬하는 사람을 좋아한다는 것이다. 특히 권위주의 성향이 강한 사람일수록 칭찬에 약한 모습을 보인다.

아첨까지는 아니더라도 상대방에 대한 적절한 칭찬은 효과가 매우 크다. 백화점에 가보면 아첨성 칭찬이 설득의 목적으로 난무하고 있음을 쉽게 발견할 수 있다. 아래의 시나리오가 매우 익숙하게 들리지 않는가?

> 판매자: 이 니트 어떠세요? 새로 나온 건데…… 손님 얼굴이랑 너무 잘 어울리시네요.
>
> 소비자: 아, 네…….
>
> 판매자: 이 옷은 손님같이 피부가 하얀 분에게 더 잘 받아요.
>
> 소비자: 예, 사실 제 피부가 하얀 편이긴 한데…….
>
> 판매자: 게다가 손님은 몸매가 좋으셔서 더욱 잘 어울리시겠네요.

판매원의 계속된 칭찬을 들으면 기분이 좋아져서 결국 권하는 제품을 사게 된다. 자기를 칭찬하는 판매원의 요구를 거절하기는 쉽지 않을 것이다. 영업사원들은 이처럼 칭찬을 마케팅 목적으로 사용하고 있지만, 일반인들은 칭찬에 매우 서투른 편이다. 우리는 남을 칭찬하는 것도, 남에게 칭찬받는 것도 어색해한다. 칭찬은 쉬운 행동이 아니다. 남을 적절하게 칭찬하기 위해서는 지속적인 훈련과 노력이 필요하다. 남을 칭찬하고 싶지만 구체적인 방법에 서투른 사람들은 『칭찬은 고래도 춤추게 한다』(켄 블랜차드, 처크 톰킨스 외)에서 인용한 다음의 칭찬 10계명을 눈여겨볼 필요가 있다.

1. 칭찬할 일이 생겼을 때 즉시 칭찬하라.
2. 잘한 점을 구체적으로 칭찬하라.
3. 가능한 공개적으로 칭찬하라.
4. 결과보다는 과정을 칭찬하라.
5. 사랑하는 사람을 대하듯 칭찬하라.
6. 거짓 없이 진실한 마음으로 칭찬하라.
7. 긍정적인 눈으로 보면 칭찬할 일이 보인다.
8. 일이 잘 풀리지 않을 때 더욱 격려하라.
9. 잘못된 일이 생기면 관심을 다른 방향으로 유도하라.
10. 가끔 자기 자신을 칭찬하라.

현대 과학은 상대방에 대한 칭찬이 사회적 영향력의 훌륭한 도구가 된다는 사실을 분명하게 증명하고 있다. 칭찬의 가치를 이해하기 위해서는 먼저 칭찬과 관련된 학문적 영역과 친해질 필요가 있다. 지금부터 칭찬의 효과에 관한 과학적인 근거를 몇 가지 제시해보도록 하겠다.

100% 통하는 '보숭튼달' 기법

타인에게 잘 보여서 호감을 사고 싶은 것은 인간의 가장 기본적인 본능 중 하나다. 특히 자신보다 사회적 신분이 높은 사람과의 만남에서는 그러한 본능이 더욱 강하게 나타난다. 학자들은 오래전부터 그러한 본능이 구체적으로 어떠한 행동을 통해 구현되는가에 관심을 가져왔다. 미국의 학자 존스(Jones)는 '환심 사기(ingratiation)'라는 용어를 만들어내고 '특정 타인으로 하여금 자신을 좋아하게 만들기 위해 고안된 일련의 전략적 행동'이라고 개념을 규정했다. 존스 교수는 1964년 환심 사기에 관한 최초의 학술적 서적을 출판하여 기존의 연구 결과를 체계적으로 정리하고 향후 연구를 위한 초석을 다졌다.

1996년 고든(Gordon) 교수는 환심 사기 연구 영역을 선도적으로 개척한 존스 교수 이후 30여 년간의 연구 성과를 정리한 메타 분석 결과를 학계에 발표했다.[15] 총 55편의 학술 논문을 메타 분석한 결과 환심 사기는 타인의 호감을 얻는 데 매우 유용한 기법이라는 사실이 과학적으로 증명되었다. 고든 교수의 메타 분석 결과를 몇 가지 질문을 통해 더욱 구체적으로 설명해보자.

1. 타인의 호감을 얻기 위해서는 어떤 환심 사기 행동이 가장 효과적인가?

기존의 연구를 통해 환심 사기를 위해 사용되는 대표적인 4가지 행동 유형이 관찰되었다. 첫째는 칭찬하기 등을 통해 타인의 자존감을 높이는 유형이다. 둘째는 자신의 입장을 바꿔서 타인의 의견이나 판단에 동조하는 유형이다. 셋째는 타인에게 호의를 베풀거나 선물을 주는 유형이다. 넷째는 자기 미화를 통해 자신의 강점은 최대화하고 약점은 최소화하는 유형이다. 이 중에서 칭찬하기 행동 유형이 타인의 호감을 유발하는 데 최고의 효과를 낸다고 한다. 그 뒤를 이어 의견 동조, 자기 미화, 호의 및 선물 제공 순서로 효과적이었다. 칭찬하기의 효과는 나머지 모두의 평균치와 비교했을 때 통계적으로 유의미한 차이를 보였다. 군계일학(群鷄一鶴)이라는 표현처럼 칭찬하기의 효과는 엄청난 존재감을 자랑한다.

2. 환심 사기의 효과는 상호 간의 신분 차이에 따라 달라지는가?

메타 분석 결과는 상호 간의 신분 차이에 따라 환심 사기의 효과가 달라진다는 것을 분명하게 보여준다. 사회적 신분이 엇비슷한 사람들 사이에서 교환되는 환심 사기 행동과 자신보다 사회적 신분이 낮은 사람을 대상으로 한 환심 사기는 높은 호감으로 이어졌지만, 자신보다 사회적 신분이 높은 사람을 대상으로 한 환심 사기의 효과 지표는 현저히 낮게 나타났다.

추가적인 세부 분석 결과를 보면, 직장 상사처럼 자신보다 신분이 높은 사람에게 사용 가능한 환심 사기 행동 유형은 칭찬하기가 유일한 선택으로 보인다. 칭찬하기를 제외하고 다른 어떤 환심 사기 행동 유형도 호감을 사지 못했다. 자신보다 사회적 신분이 낮은 사람의 환심 사기 행동은 액면 그대로 전달되지 않을 가능성이 크다는 말이다. 그런데도 칭찬하기가 상사와의 관계에서 호감을 끌어내는 데 유일하게 효과적이라는 사실은 칭찬하기의 잠재력이 엄청나게 크다는 점을 명백히 보여준다.

3. 환심 사기의 효과는 경험자 혹은 관찰자의 역할에 따라 달라지는가?

1964년에 발간된 존스 교수의 『환심 사기: 사회심리학적 분석(Ingratiation: A social-psychological Analysis)』에서는 환심 사기의 효과가 본인이 직접 경험했는지 혹은 제삼자로 관찰했는지에 따라 달라질 것이라고 가정했다. 존스 교수의 가정이 과학적 사실로 밝혀지기까지 30여 년의 시간이 필요했다. 고든 교수의 메타 분석 결과 환심 사기가 호감을 불러일으키려면 본인이 직접 경험해야만 한다는 사실이 분명하게 밝혀졌다. 환심 사기를 관찰한 사람의 눈에는 환심 사기가 전혀 호감을 끌어내지 못할 것처럼 보여도 환심 사기 행동을 경험한 사람에게는 분명한 효과가 나타났다. 직장인들이 즐겨 쓰는 용어 중에 '보숭듣달'이라는 말이 있다. '보기에는 숭해도(흉해도) 듣기에는 달다'는 뜻이다. 즉, 아첨하는 말이 남들이 보기에는 흉해 보여도 듣는 사람의 귀에는 매우 달게 느껴진다는 것이다. 이 경우에 딱 들어맞는 표현이다.

한편 메타 분석 결과는 환심 사기가 지나치면 오히려 역효과를 낼 수 있다고 경고한다. 환심 사기의 의도가 불분명할 때는 호감으로 연결되지만, 너무나 의도가 명백한 환심 사기는 최악의 경우 비호감으로 연결될 수도 있다는 사실이 메타 분석에 의해 보고되었다. 앞에서 소개한 '보숭듣달' 효과가 무한정 나타나지는 않는다는 뜻이다. 보기에 너무 명백하게 숭한 말은 그 결과도 숭하게 나타날 것이다.

미국 500대 기업 경영자들이 말하는 환심 사는 법

사회적 관계를 원활하게 유지하기 위한 규범화된 행동이든, 자신의 이익을 위한 의도적인 행동이든 타인의 환심을 사기 위한 행동은 이제 우리 삶의 중요한 일부분이 되어버렸다. 우리는 알게 모르게 환심 사기 기법을 사용하기도 하고 그 희생물이 되기도 한다. 한 가지 분명한 사실은 우리가 환심 사기 기법에 익숙해질수록 효과가 미미해진다는 점이다. 그리하여 마치 바이러스가 끊임없이 변이를 만들어내듯이 현대의 환심 사기 기법은 더욱 교묘해지고 더욱 그 정체가 모호해지고 있다. 2010년 스턴(Stern)과 웨스트팔(westphal) 연구팀은 『포브스(Forbes)』 선정 500대 기업 경영자들을 대상으로 수행한 연구 결과를 발표했다.[16] 환심 사기 기법을 통해 자신들이 경영자의 자리를 차지할 수 있었다고 보고된 실제 사례들을 분석한 결과 대표적인 신종 환심 사기 기법 5가지가 발견되었다.

1. 칭찬하기에 앞서 불편하게 만드는 말을 사용한다.

많은 경영자는 칭찬하기 전에 "당신을 당황스럽게 만들고 싶지는 않지만," 혹은 "당신이 이 말을 들으면 나를 싫어하겠지만"이라는 식의 예상치 못한 표현을 즐겨 사용한다고 한다. 이러한 표현은 칭찬이나 아부를 경계하는 마음을 무장해제시킨다. 무방비 상태에서 건넨 칭찬이나 아부의 말은 고속도로를 달려 사람들의 심장에 꽂힐 것이다.

2. 칭찬을 상대방의 조언을 구하는 질문 형식으로 한다.

"당신은 정말 제가 부러워하는 능력을 갖췄습니다"라는 직설적인 표현 대신 "당신은 어떻게 그런 기발한 방법을 사용할 생각을 하시게 되었나요?"라는 식으로 상대방에게 질문을 던지면 환심 사기의 상황은 갑자기 학습의 장으로 변화한다.

3. 나의 친구에게 먼저 나를 칭찬한다.

상대방이 나에게 직접적으로 칭찬하면 그의 의도를 의심하게 된다. 대신 나의 친구에게 나를 칭찬해서 제삼자를 통해 전달되면 환심 사기 의도에 대한 의심의 장벽을 가뿐히 넘을 수 있다.

4. 약간 다툰 다음에 상대방의 의견에 동조한다.

누군가 무턱대고 나의 의견에 찬성하면 그 의도를 의심할 수 있다. 그래서 시작은 상대방과 약간의 의견 불일치가 있는 것처럼 다투다가 "당신의 말을 듣고 보니 제가 잘못 생각했습니다. 당신이 저를 설득했습니다. 당신의 의견에 찬성합니다"라고 말하면 상대방도 기뻐하게 만들고 자신도 이성적인 판단의 소유자라는 이미지를 줄 수 있다.

5. 상대방의 의견을 미리 제삼자를 통해 알아본 다음 먼저 상대방과 일치하는 의견을 제시한다.

이 기법은 만만치 않은 사전 작업을 필요로 한다. 하지만 중요한 결정에 대한 상대방의 의중을 미리 알아낼 수 있다면 실제 상황에서 시치미를 뚝 떼고 상대방의 의견에 부합하는 주장을 먼저 제시해서 호감을 얻을 수 있다.

07
45분 만에 낯선 사람을
내 편으로 만드는 법

2015년 1월 9일자 「뉴욕 타임스」는 매우 흥미로운 칼럼 하나를 게재했다. 캐나다 밴쿠버의 UBC 대학에서 글쓰기를 가르치는 카트론(Catron) 교수는 '사랑에 빠지고 싶다면 이렇게 하라'는 제목의 칼럼을 통해 상대방의 호감을 얻어내는 가장 신속하면서도 효과적인 방법을 소개했다. 이 칼럼은 입소문을 타고 웹 공간으로 신속하게 퍼져나갔으며 그 뒤를 이어 여러 칼럼니스트가 카트론 교수의 칼럼을 재인용하면서 「뉴욕 타임스」 역사상 가장 널리 알려진 칼럼으로 자리매김했다.

카트론 교수가 소개한 사랑에 빠지는 방법은 1997년에 발표된 아론(Aron) 교수 연구팀의 논문에 기초한 것이다.[17] 아론 교수 연구팀은 실험에 참여한 사람들을 두 사람씩 짝지은 다음 서로 번갈아가면서 질문과 답변을 하도록 요청했다. 각각 12개의 질문으로 구성된 3세트의 질문은 상대방에게 알리고 싶지 않은 개인적인 내용을 점차적으로 제공하도록 구성되었다. 예를 들어 1세트의 첫 번째 질문은 "어느 누구하고도 함께 저녁 식사를 하는 것이 가능하다면 누구를 초대하고 싶으세요?"라는 비교적 가벼운 질문으로 시작한다. 그러나 "당신의 어린 시절을 변화시킬 수 있다면 어떤 것을 바꾸고 싶으세요?"라는 열 번째 질문에 답하기 위해서는 많은 용기가 필요하다.

이 과정을 통해 총 36개의 질문을 서로 주고받은 다음 참가자 커플 사이에서 즉각적인 호감이 발생했다고 아론 연구팀은 보고하고 있다. 심지어 어떤 커플은 실험에 참여한 이후 계속 관계를 이어가서 나중에 부부가 되기도 했다. 카트론 교수 역시 「뉴욕 타임스」 칼럼에서 자신도 아론 교수가 제시한 36개의 질문을 주고받은 후에 그 상대와 결혼하게 되었다고 고백했다. 36개의 질문을 주고받는 데 소요되는 시간은 1시간이 채 되지 않는 45분이면 충분하다고 한다. 단 45분이라는 짧은 만남이 이처럼 엄청난 결과를 만들어내는 비밀은 무엇일까?

'당신한테만 말하는 건데'

대인 커뮤니케이션을 연구하는 학자들은 사람들의 관계가 시간이 흐를수록 발전하는 이유는 '자기 노출(self-disclosure)'이라는 행동을 통해 서로 간에 주고받는 정보의 질과 양이 달라지기 때문이라고 한다. 자기 노출은 '자신이 스스로 말해주지 않으면 상대방이 알 수 없는 개인적 정보를 의도적으로 제공하는 행동'을 의미한다. 돌이켜 생각해보면 사춘기 시절의 친구 만들기는 상당 부분 자기 노출을 통해 이루어졌던 것 같다. "너한테만 말해주는데, 사실은 내가 정말 싫어하는 것이 하나 있어"라며 자신의 개인적 비밀을 친구에게 알려주면 우정의 싹이 금방 자란다.

자기 노출이 상대에게 호감을 만들어낸다는 사실을 체계적으로 연구한 최초의 학자는 미국 플로리다 대학의 주라드(Jourard) 교수다. 그는 정신 상담 과정에서 의사를 신뢰하고 호감을 느낀 환자는 자신의 개인적 정보를 보다 적극적으로 제공한다는 사실에 주목했다. 대인관계에서도 개인 정보를 공유하면 관계가 발전할 것이라는 가설을 검증하기 위해 주라드 교수는 1950년대 후반부터 자기 노출에 관한 체계적인 연구를 시작했다. 주라드 교수의 선구적인 연구를 통해 우리는 자기 노출 행동에 대한 매우 흥미로운 지식을 갖게 되었다.

첫째, 백인 참가자들은 흑인 참가자들보다 훨씬 자주 자기 노출 행동을 한다고 한다. 둘째, 자기 노출 행동의 대상은 압도적으로 '엄마'가 차지하고 있었으며 '친구들'과 '아빠'가 그 뒤를 잇고 있다. 셋째, 참가자들이 가장 선호하는 자기 노출의 주제는 자신의 '취미'나 '태도' 관련 정보였으며, 가장 노출하기 꺼리는 주제는 자신의 '재정 상태'나 '성격' 관련 정보였다.

아론 교수의 실험에 참여한 사람들은 36개 질문에 대해 의무적으로 자기 노출을 해야 했다. 일반적인 상황이라면 낯선 사람에게 전혀 공개하지 않았을 개인 정보를 실험 절차에 따라 주고받은 참가자들, 즉 자기 노출을 경험한 사람들은 상호 간에 즉각적인 호감을 느끼게 되었다고 아론 연구팀이 보고하고 있다. 주라드 교수의 연구 결과와 일맥상통한 결론이다.

개인 정보 공개가 호감도를 높인다

1994년 콜린스(Collins)와 밀러(Miller) 연구팀은 자기 노출 효과를 메타 분석한 연구 논문을 학계에 보고했다.[18] 자기 노출과 호감의 관계에 대하여 1950년대 후반부터 1990년대 초반까지 발표된 49개의 논문을 대상으로 수행된 메타 분석 결과는 자기 노출에 대한 유용한 정보를 제공한다.

1. 대다수 개별 논문들의 결과처럼 메타 분석 결과도 자기 노출은 강한 호감으로 연결된다는 사실을 알려준다.

대인관계에서 자기 노출 행동을 하면 상대방의 호감을 얻을 수 있다는 믿음은 이제 의심의 여지가 없는 과학적 사실로 자리매김하게 되었다. 딱딱한 실험실 분위기에서 만난 전혀 모르는 낯선 사람들 사이에서도 자기 노출 행동은 호감의 싹을 튼실하게 뿌리내리게 했다.

2. 메타 분석 결과는 자기 노출 행동이 상대방의 마음뿐만 아니라 자신의 마음도 변화시킨다는 매우 흥미로운 사실도 알려준다.

매우 높은 수준의 자기 노출 행동을 한 사람들은 전혀 하지 않거나 낮은 수준의 자기 노출 행동을 한 사람들에 비해 상대방에 대해 훨씬 높은 호감도를 보여주었다. 이 경우 자기 노출이 상대방의 호감을 만들어내는 효과 지표와 거의 동일한 수준에 이르렀다. 「뉴욕 타임스」 칼럼니스트 카트론 교수가 자기 노출 행동을 경험한 다음 상대와 결혼까지 한 것도 이해된다. 자기 노출이 상대방이 자신을 좋아하게 만드는 것을 넘어서서 본인도 상대방을 좋아하게 만든다면 당연히 두 사람의 관계가 비약적으로 발전할 수밖에 없지 않을까?

3. 자기 노출 효과를 결정하는 과정에서 참가자의 성별(gender)이 매우 중요한 역할을 한다는 사실도 메타 분석 결과가 말해주고 있다.

여성 참가자들의 자기 노출 행동은 남성 참가자들보다 훨씬 높은 수준의 호감을 만들어냈다. 그뿐만 아니라 여성 대 여성 간의 자기 노출과 호감의 효과 크기는 남성 대 남성보다 2배 가까이 높았다. 이러한 결과를 종합하면 남성은 여성보다 자기 노출 효과를 만들어내는 능력이 많이 부족하다고 할 수 있다. 남성을 대상으로 자기 노출을 통해 호감을 얻는 방법에 대한 교육이 시급하다는 생각이 든다. 한편 남성 대 여성 간의 자기 노출 효과를 분석한 논문의 숫자가 적어서 메타 분석을 할 수 없었다는 것은 매우 아쉬운 점이었다.

4. 자기 노출의 방법에 따라 호감도의 크기가 달라진다는 사실에도 주목할 필요가 있다.

자기 노출 행동은 '깊이(depth)'와 '넓이(breadth)' 2가지 방법으로 구현할 수 있다. 깊이는 특정 주제에 대해 얼마나 심도 있는 개인적 정보를 상대방에게 노출하는가를 지칭하며, 넓이는 자신과 관련된 얼마나 다양한 주제를 상대방에게 노출하는가를 지칭한다. 흥미롭게도 메타 분석 결과 자기 노출을 깊이로 구현할 때 얻어지는 호감의 크기가 넓이로 구현할 때보다 훨씬 높게 나타났다. 그렇다면 자기 노출 효과를 극대화하기 위해서는 이런저런 다양한 개인적 정보를 상대방에게 제공하기보다 특정 주제에 대한 매우 높은 수준의 개인적 정보를 제공하는 편이 더 현명할 수 있다. '선택과 집중'은 자기 노출 효과를 극대화하는 지침이 되는 것이다.

ⓞ⑧
부여된 권위의 힘, 평범한 악인은 어떻게 만들어지는가?

역사는 서로 전혀 연결 고리가 없는 2가지 사건이 우연의 일치로 같은 시기에 발생할 수도 있다는 것을 보여준다. 철학자 한나 아렌트(Hanna Arendt)의 『예루살렘의 아이히만(Eichmann in Jerusalem)』과 심리학자 스탠리 밀그램(Standley Milgram)의 논문 「복종에 대한 행동 관점에서의 연구(Behavioral Study of Obedience)」가 1963년 같은 해에 출판된 것이 그러한 예에 해당한다. 두 사건은 탄생 배경이 완전히 다르지만 합리적으로 부여된 권위의 힘에 인간이 얼마나 쉽게 복종하는가를 공통적으로 보여주고 있다.

아렌트는 나치 독일의 유대인 대량학살 홀로코스트(Holocaust)의 실무 책임자였던 아이히만의 재판을 미국의 잡지 『뉴요커(The New

Yorker)』의 특파원 신분으로 참관한 다음 본인의 생각을 『예루살렘의 아이히만』이라는 책을 통해 세상에 알렸다. 이 책에서 아렌트는 아이히만이 홀로코스트 대학살을 주관했던 만큼 매우 사악하고 악마와 같은 사람일 것이라고 예상했지만 놀랍게도 아이히만은 아주 친절하고 평범한 사람이었다고 말한다.

재판에서 아이히만은 자신이 저지른 만행에 대해 그저 자기는 상관의 지시를 성실히 이행했을 뿐이라고 변명했다. 아이히만처럼 평범한 사람이 어떻게 그토록 엄청난 악행을 저질렀는가에 대해 깊이 성찰한 아렌트는 '악의 평범성(the banality of evil)'이라는 개념을 만들어냈다. 홀로코스트의 책임자 아이히만은 악마의 본성을 지닌 끔찍한 인물이 아니라, 상관의 지시라는, 합법적으로 부여된 권위의 힘에 아무 생각 없이 복종한 평범한 사람이었다는 것이다.

같은 해에 밀그램 교수는 사회심리학에서 가장 논란이 많았고 일반인들에게 가장 널리 알려진 논문을 발표했다. 그는 나치가 지배하던 당시 독일인들이 양심의 가책도 없이 어떻게 그 많은 무고한 유대인들을 강제수용소에서 죽일 수 있었는지 이해할 수 없었다. 그는 일단 미국에서 기본 실험을 마친 다음 독일로 건너가 본격적인 실험을 할 예정이었다. 그러나 밀그램 교수의 창의적인 실험은 예일 대학에서 진행한 연구로 충분한 답을 제공했다. 그는 한 인터뷰에서 "복종의 힘을 너무 많이 알게 되었다. 독일까지 갈 필요가 없었다"라고 말했다. 그의 독일행 비행기는 당연히 취소되었다.

밀그램 교수의 실험 절차와 결과는 치알디니 교수의『설득의 심리학』에 자세히 설명되어 있다. '징계가 기억과 학습에 미치는 영향에 관한 연구'로 가장한 밀그램 교수의 실험에서 선생 역할을 맡은 자원자의 65%가 학습자 역할을 맡은 동료 자원자(사실은 밀그램 교수의 실험 조교)에게 연구자의 지시에 따라 전기충격의 강도를 계속 높여 결국 450볼트라는 최고 수준으로 올렸다는 사실은 당시 학계에 엄청난 충격을 주었다.

이러한 실험 결과는 밀그램 교수를 포함해 많은 관련 학자들을 놀라게 했다. 실험의 결과를 설명하기 위한 다양한 가설이 제기되었다. 실험에 참여한 자원자들이 모두 공격적인 성향이 강한 남자들이었다든지, 혹은 이들이 남의 불행을 즐기는 비도덕적인 성향의 사람이었다든지, 혹은 이들이 심리적으로 비정상적인 사람이었다는 등의 다양한 가설이 제기되고 검증되었다. 하지만 그러한 가설들이 모두 타당하지 않다는 사실이 후속 연구에 의해 보고되었다. 그들은 우리와 하등 다를 바 없는 평범한 사람들이었다. 밀그램 교수의 표현에 의하면 그들은 바로 우리와 동일 인물이었다.

학습자 역할을 맡은 자원자가 그만 멈춰달라고 애원하고, 비명을 지르고, 벽을 걷어차도 선생 역할을 맡은 자원자들이 전혀 아랑곳하지 않고 고강도의 전기충격을 계속한 이유를 밀그램 교수는 우리 마음속 깊이 자리 잡고 있는, 합법적으로 부여된 권위에 맹목적으로 복종하려는 의무감으로 설명하고 있다. 아렌트가 제시한 '악의 평범

성' 개념이 타당하다는 사실을 밀그램의 실험이 확실하게 증명하고
있는 셈이다.

우리는 왜 여전히 권위에 복종하는가?

2009년 버거(Burger) 교수는 밀그램 교수의 실험을 재현한 연구 결
과를 학계에 보고했다.[19] 합법적으로 부여된 권위의 힘에 대한 밀그
램의 최초 연구 결과가 발표된 1963년 이후 무려 56년이 지난 후의
일이었다. 버거 교수 논문의 부제는 '아직도 사람들은 복종하고 있을
까?(Would people still obey today?)'였다. 그의 논문에 대한 논평에서 밀
러(Miller) 교수는 제목을 보고 마치 TV 뉴스에서 특종 소식을 본 것처
럼 깜짝 놀랐다고 표현했다. 왜냐하면 밀그램 교수의 연구가 실험에
참여한 자원자들에게 심리적인 충격을 줄 수도 있다는 우려 때문에
그와 유사한 실험 연구를 주요 대학 연구기관이 그동안 전혀 허락하
지 않았기 때문이다.

버거 교수는 대학의 사전 윤리 심사 과정을 통과하기 위하여 밀
그램 교수의 실험 디자인을 교묘하게 변경했다. 밀그램의 실험에서
150볼트의 전기충격에 복종한 사람들의 79%가 최고 수준인 450볼
트까지 연구자의 지시에 복종했다는 사실에 버거 교수는 주목했다.
이 사실을 기초로 150볼트 전기충격에 대한 복종 및 불복종 결정만

으로도 부여된 권위의 영향력을 충분히 파악할 수 있다고 판단했다. 그는 징계 차원에서 부과되는 전기충격의 최대치를 450볼트에서 150볼트로 내린 연구 제안서를 제출했다. 운 좋게도 버거 교수의 실험 제안은 대학의 윤리 심사를 무사히 통과했고, 밀러 교수의 반응처럼 모두가 깜짝 놀라면서도 그 결과를 궁금해했던 버거 교수의 실험 논문이 세상에 소개되었다.

밀그램 교수의 연구가 발표된 1960년대에 비해 2000년대는 맹목적 복종에 대한 위험을 경고하는 사회적 분위기가 대세였기에 밀그램의 실험을 재현한 결과도 이제는 많이 다를 것이라는 기대가 일반적이었다. 하지만 버거의 실험 결과는 밀그램의 결과와 별반 다르지 않았다. 2000년대를 살아가는 사람들도 연구자의 (합법적인) 지시에 충실하게 복종한다는 사실이 명백하게 밝혀졌다. 150볼트의 전기충격 이전에 연구자의 지시를 거부하고 실험을 중단한 사람들의 비율은 17.5%에 불과했다. 전체의 80%가 넘는 사람들이 여전히 연구자의 지시에 따라 동료 자원자에게 적지 않은 수준의 전기충격을 가했다.

그뿐만 아니라 실험에 참여한 자원자의 표본이 미국 동부의 백인 남성 중심으로 구성되었던 밀그램의 실험과 달리 남성과 여성, 그리고 백인 및 아시아계, 라틴계, 흑인들을 모두 망라한 버거의 실험에서도 거의 동일한 결과가 나타났다. 이 사실은 합법적으로 부여된 권위에 맹목적으로 복종하는 사람들의 심리가 성별이나 인종에 상관없이 강력하게 작동하고 있음을 여실히 보여준다.

복종과 불복종의 양면성

무대의 스포트라이트는 항상 주연 배우를 비추고 있다. 주연 배우의 웃음과 눈물은 관객들에게 실시간으로 전달되지만 조명이 비치지 않는 곳에 있는 무명 배우의 몸짓에는 아무도 관심을 두지 않는다. 그렇지만 예상을 뒤엎고, 밀그램 패러다임 유형의 실험에서 아무런 관심을 받지 못했던 권위에 대한 불복종자의 행동에 연구의 초점을 맞춘 메타 분석 논문이 2008년에 발표되었다.

미국 오하이오 주립대학교의 팩커(Packer) 교수는 밀그램 유형의 기존 연구에 의해 권위에 복종한 사람들에 관해서는 많은 지식이 축적되었지만, 아직도 우리는 권위에 불복종한 사람들에 대해서는 아는 것이 별로 없다고 문제의식을 제기했다. 팩커 교수는 밀그램이 발표한 8개의 논문에 대한 메타 분석을 통해 몇 가지 흥미로운 사실을 발견했다.[20]

첫째, 8개의 논문에서 보고된, 450볼트 전기충격까지 연구자의 지시에 완벽하게 복종한 사람들의 평균 비율은 전체의 50%였다. 1963년 밀그램의 최초 연구에서 보고된 65%보다는 조금 낮은 수치다. 바꿔 말하면 전체의 50%는 시점의 차이는 있지만 연구자의 지시를 따르지 않고 실험을 중단하는 불복종 행동을 했다는 사실을 알려준다.

둘째, 불복종 행동이 가장 많이 나타났던 전기충격 구간은 150볼트였다. 전체 불복종자의 37%가 150볼트에서 발견된 것이다. 그 뒤를 따르는 것이 상대적으로 매우 높은 수준의 315볼트로 불복종 비율은 10.6%에 불과했다. 다시 말해 최고 450볼트까지 15볼트 간격으로 나누어진 30개의 전체 전기충격 구간 중에 150볼트 구간에서 불복종자들이 압도적으로 많이 나타난 것이다. 버거 교수가 전기충격의 최대치를 150볼트로 내린 결정이 매우 타당했음을 메타 분석결과가 증명해주고 있다.

셋째, 150볼트 구간에서 실험을 멈추지 못한 자원자들의 대부분은 이제 그만 실험을 중단해달라는 학습자들의 애원과 비명에도 불구하고 최고 수준인 450볼트 전기충격 구간까지 연구자의 지시에 복종했다.

권위에 대한 불복종자의 행동에 초점을 맞춘 팩커 교수의 메타 분석은 150볼트 전기충격 구간에서 가장 많은 불복종이 발생한 이유에 대해 자세히 설명한다. 학습자로 가장한 연구자의 조교는 사전지시에 따라 75볼트 구간부터 비명을 지르기 시작했다. 전기충격의 강도가 높아짐에 따라 비명도 더욱 간절해지고 거세졌다. 150볼트 구간부터는 사전 지시에 따라 비명과 함께 새로운 요소가 추가되었다. 선생 역할을 맡은 자원자에게 이제 그만 풀어달라고 말로 분명하게 실험 중단을 요청한 것이다. 실험을 계속하라는 연구자의 지시와 실험을 중단해달라는 학습자의 요청 사이의 갈등이 150볼트 구간에서 처음으로 분명하게 드러났다. 150볼트 구간에서 실험을 중단한 자원자들은 연구자의 지시보다 실험 중단을 요청한 동료 자원자들의 권리가 더 중요하다고 판단했을 것으로 팩커 교수는 추정하고 있다.

버거 교수의 밀그램 재현 연구 결과처럼 21세기에도 권위에 무의식적으로 복종하는 사람들이 적지 않다. 하지만 팩커 교수의 불복종자에 대한 메타 분석 연구 결과는 구두로 명확하게 전달된 학습자의 실험 중단 요청이 합법적으로 부여된 권위에 맹목적으로 복종하는 자동화된 행동을 중단하게 만들었다고 보고하고 있다. 부여된 권위의 힘에 무의식적으로 복종하기 전에 학습자가 우리에게 어떤 메시지를 건네고 있는지를 안테나를 바짝 세우고 귀 기울여 들어야 한다. 정신 바짝 차리지 않으면 우리도 '평범한 악인'이 될 수 있기 때문이다. 부여된 권위의 영향력은 그만큼 엄청나다.

useful

---

persuasion

2부

로 고 스

설득의 절정
언어의 기술로
끌어당기기

λόγος

상대의 마음을 서서히 움직이는 빌드업 단계

2020년 12월 27일부터 2021년 1월 4일까지 경기도 고양시 킨텍스에서 제41회 세계 대학생 토론대회가 열렸다. 우리나라에서는 그리 잘 알려진 이벤트는 아니지만 75개국 2천여 명의 대학생이 참가하는 매우 유서 깊은 국제 행사다. 2016년 대회에서는 미국 하버드 대학에 다니는 호주 한인 교포 서보현 씨가 우승을 차지하여 국내 언론에 소개되기도 했다. 세계 대학생 토론대회는 참가자들이 주어진 주제에 대해 서로 논리적으로 공격하고 방어하고 논박하는 과정을 심사위원들이 평가하여 승패를 결정한다. 이 심사 과정의 핵심 평가 기준은 물론 아리스토텔레스의 로고스가 제공하고 있다.

로고스(logos)라는 말을 서양 철학에서 처음 사용한 사람은 기원전 4세기경 활동했던 헤라클리투스(Heraclitus)였다. 그는 로고스라는 단어를 질서와 지식의 원칙이라는 의미로 사용했는데, 아리스토텔레스는 로고스에 다른 의미를 부여했다. 그는 로고스를 '논리적인 추론(reasoned inference)'이라 정의하고 설득을 위한 3가지 방법의 하나로 규정했다.

말을 통해서 자신의 주장이 사실 혹은 사실처럼 보이도록 만드는 것이 로고스라는 점에서 수사학과 논리학의 차이가 분명하게 드러난다. 논리학에서 논리는 진실을 규명하는 방법으로 상황과 상관없이 독립적으로 존재한다. 하지만 수사학에서 논리는 주어진 상황을 배경으로 '추론적 논리'를 하는 것을 의미한다. 그러므로 수사학에서는 '사실처럼 보이는' 것도 상황만 적절하면 '사실'에 버금가는 대접을 받을 수 있다.

수사학에서는 절대적인 논리가 존재하지 않는다. 수사학에서 설득은 본질적으로 '상대적인' 개념이다. 설득력이 있다는 것은 특정의 '누군가에게' 논리적이고 설득력이 있다는 것이다. 따라서 수사학에서 로고스의 영향력은 청중과의 상호작용에서 결정된다. 나에게는 논리적이고 합리적인 주장이어도 상대방이 그렇게 동의하지 않으면 나의 주장은 비논리적이고 비합리적인 주장으로 인식될 수 있다는 것이다. 내가 논리적으로 상대방을 설득하지 못한다면 상대방이 합리적이지 않아서가 아니라 내가 전달하는 메시지가 그들에게 합리적으로 인식되지 않았기 때문이라고 생각해야 한다.

라디오에서 흔히 듣던 60계치킨의 CM송 가사를 예로 들어 설명해보자.

> 매일 새 기름
> 60마리만
> 60계치킨

이것은 로고스적인 광고일까? 아리스토텔레스는 사람을 설득하는 방법이 에토스, 로고스, 파토스 말고는 없다고 했다. 분명 이것은 에토스나 파토스적인 광고는 아니니까 로고스 방식의 광고임에 틀림없을 것이다. 그렇다면 이 광고에서 주장하는 논리적 추론은 무엇일까? 매일 새 기름으로 60마리만 튀기니 자사의 닭은 매우 위생적이라는 것을 주장하고 있다. 이 광고를 듣는 사람이 하루에 60마리만 튀기는 깨끗한 닭이라는 논리적 추론을 받아들이고 60계치킨을 주문했다면 로고스를 통해 설득에 성공한 것이다. 이 광고가 모든 사람을 설득하지는 못한다는 점에서 로고스는 상대적이고, 이 광고 카피처럼 60마리만 튀기는 기름은 깨끗하다는 주장이 '사실' 여부와 상관없다는 점에서 로고스는 추론적이다. 바른치킨은 전용유 1통으로 딱 58마리까지만 튀긴다고 광고하고 있다. 60계치킨보다 두 마리 적다.

고대 그리스인들에게는 언어를 가리키는 용어가 따로 없었다. 그들은 로고스를 언어 자체로 이해했다. 아리스토텔레스의 수사학 이후 현대 설득 커뮤니케이션학은 로고스의 영역을 언어 메시지 차원에서 엄청나게 확장했다. 2부는 방대한 로고스의 영역을 메시지의 내용, 메시지의 표현 스타일, 메시지의 구조, 세 부분으로 나누어 지금까지 연구 성과에 대한 메타 분석 결과를 중심으로 소개한다.

1장부터 3장은 메시지의 내용과 관련된 증거(1장), 내러티브(2장), 프레이밍(3장)의 설득 효과를 설명한다. 각각의 주제에 대한 다양한 메타 분석 결과는 매우 흥미로운 내용을 포함하고 있다. 4장부터 6장까지는 메시지의 표현 스타일과 관련된 은유(4장), 생생함(5장), 그리고 반복(6장)에 관한 메타 분석 내용을 담고 있다. 한편 7장과 8장은 메시지 측면성과 결론의 형태에 관한 메시지 구조 차원의 연구 주제를 다루고 있다.

01
설득에서도
증거주의 원칙

'심증은 있으나 물증이 없다'는 표현이 있다. 누가 범인인지 짐작은 가는데 그 판단을 뒷받침할 결정적인 증거가 없다는 말이다. 증거는 법정에서 피고의 유무죄를 결정할 때 가장 큰 영향력을 발휘한다. 우리나라 「형사소송법」 307조는 증거 재판주의 원칙을 선언하고 있다. 재판에서 사실의 인정은 반드시 증거에 의하여야 한다는 것이다.

명탐정 셜록 홈스는 눈에 보이는 증거는 물론 눈에 보이지 않는 증거까지 찾아내는 능력을 가지고 있다. 홈스는 도둑이 들었을 때 경비견이 짖지 않은 것을 보고 내부 사람이 저지른 범죄라는 보이지 않는 증거를 찾아냈다.

증거는 매우 광범위한 개념이다. 실제로 증거의 유형은 매우 다양하다. 사실적 주장, 통계치, 목격자의 진술, 증언, 개인의 의견이나 일화, 그리고 내러티브(narrative) 등이 모두 증거로 사용될 수 있다. 증거의 설득 효과를 평생 연구했던 매크로스키(McCroskey) 교수는 증거를 학문적인 차원에서 다음과 같이 정의했다. "증거는 화자의 주장을 지지하는 사실적 명제나 의견으로서 이들은 화자가 아닌 제삼자 정보원에 의해 제시되어야 한다." 증거에 대한 그의 정의는 50여 년 전에 만들어졌지만, 오늘날에도 여전히 가장 유용한 정의로 인정받고 있다.

증거가 설득 효과를 발휘하려면?

'훌륭한 증거는 설득력을 높인다'는 말은 직관적으로 참된 주장으로 들린다. 그렇지만 증거의 설득 효과에 대한 초기 연구 결과는 쉽게 요약되기 어려울 만큼 들쑥날쑥했다. 최근의 메타 분석 논문은 증거를 사용하면 설득 효과가 높아진다는 사실을 분명하게 보여주고 있다. 레이나드(Reinard) 교수는 이전 50년에 걸친 증거의 설득 효과에 대한 1988년 메타 분석 논문에서 "설득 영역에서 증거의 설득 효과만큼 일관적인 결론을 얻을 수 있는 연구 주제는 없다"고 단정적으로 말하고 있다.[21] 하지만 증거의 설득 효과를 과대평가해서는 안 된다. 다음의 3가지 경우에는 증거의 설득 효과가 제한적으로 나타날 수도 있다.

1. 정보원 신뢰도

메시지에 고품질 증거가 포함되면 화자의 신뢰도가 높아진다고 한다. 하지만 레이나드 교수는 증거의 설득 능력에는 천장 효과(ceiling effect)가 적용된다고 보고했다. 이미 높은 신뢰도를 갖춘 화자는 고품질 증거를 사용해도 추가적인 신뢰도 향상이 어렵다는 말이다. 그렇지만 대부분의 화자는 완벽한 신뢰도와는 거리가 멀다. 그러므로 보통 사람들은 자신의 주장을 뒷받침하는 고품질 증거를 설득 메시지에 포함하기 위해 노력해야 한다. 특히 자신의 신뢰도가 낮아서 상대방을 설득하지 못한다고 생각하는 사람들은 더욱 열심히 고품질 증거를 찾아내기 위해 발품을 팔아야 할 것이다.

2. 청중의 동기(motivation)

사람들은 자신에게 중요한 주제와 관련된 주장에 대해서는 높은 정보처리 동기를 보여주고 있다. 예를 들어 기후변화 운동에 적극적으로 참여하는 시민운동가는 지구 온난화에 관한 뉴스를 접하면 높은 수준의 주의와 관심을 보인다. 이런 경우에는 메시지의 주장을 뒷받침하는 고품질 증거의 효과가 극대화된다. 하지만 청중이 전혀 관심을 두지 않는 주제라면 증거의 설득 효과는 상당 부분 퇴

색되기 마련이다. 스티프(Stiff) 교수는 증거의 설득 효과는 청중의 관여도 수준과 정비례 관계를 보일 것이라는 가설을 증명하기 위해 30개의 기존 논문들을 대상으로 메타 분석 연구를 수행했다.[22] 예측한 대로 높은 수준의 관여도 조건에서 증거의 평균 설득 효과는 중간 수준이나 낮은 수준의 관여도 조건보다 통계적으로 훨씬 높게 나타났다. 구체적으로 높은 관여도 수준의 증거는 낮은 관여도 수준의 증거보다 설득 효과가 2.5배나 높게 나타났다.

3. 청중의 사전 태도

설득 커뮤니케이션 학자들은 증거가 설득 효과를 내기 위해서는 청중이 증거의 내용을 인지적으로 처리할 뿐만 아니라 증거의 내용이 타당하다고 인정해야 한다고 말한다. 하지만 현실적으로 사람들은 특정 주제에 대해 사전 태도를 지니고 있다. 예를 들어 기후 위기 운동에 찬성하는 시민단체 활동가는 원자력발전이 기후 위기의 원인이라는 사전 태도를 지니고 있을 확률이 높다. 이런 경우에는 원자력발전이 기후 위기와 아무런 관련이 없다는 사실을 지지하는 고품질 증거를 사용해도 설득 효과를 기대하기 힘들다. 미국에서 관찰된 버서 캠페인(birther campaign) 사례는 이러한 현상을 분명하게 보여준다.

2008년 미국 대통령 선거 때의 일이다. 민주당 후보 버락 오바마가 대통령에 당선되는 것을 원치 않았던 공화당 지지자들은 그가 미국에서 태어나지 않았기 때문에 대통령에 출마할 자격이 없다는 가짜 뉴스를 퍼 나르기 시작했다. 그가 1961년 하와이에서 출생했다는 명백한 사실에도 불구하고 버서 캠페인이라고 이름 붙인 가짜 뉴스 퍼 나르기에 참여한 공화당원의 수는 엄청났다. 2011년 4월에 수행된 조사에 의하면 공화당원의 45%가 여전히 오바마 대통령이 미국에서 태어나지 않았다고 믿었다고 한다. 잘 모르겠다고 대답한 22%의 공화당원을 포함하면 미국 전체 공화당원 중 2/3가 넘는 사람들이 오바마 대통령의 출생지에 대한 명백한 증거에도 불구하고 가짜 뉴스를 신봉하고 있었다.

사람들이 확고한 사전 태도를 지니고 있을 때는 아무리 수준 높은 증거라 할지라도 기존 신념 체계에 부응하지 않는다면 인지적 왜곡과 편향을 통해 거부되기 쉽다. 그러므로 증거의 설득 효과는 태도 변화를 목적으로 하는 캠페인보다는 태도 형성 또는 태도 유지를 목적으로 하는 캠페인에서 더 유용하게 작동할 가능성이 크다.

숫자와 스토리 중 설득의 승자는?

설득 커뮤니케이션 학자들은 다양한 형태의 증거 중 설득 효과가 가장 높은 유형은 어떤 것일까에 대한 질문을 던졌다. 특히 증거 유형 중 양대 산맥을 차지하는 통계 자료에 기초한 증거와 내러티브에 기초한 증거의 상대적 우위를 알아보기 위해 노력했다. 가장 초기의 연구자들은 기존 연구 결과에서 어느 유형이 더 높은 설득 효과를 나타내는지를 투표 집계 방식으로 분석했다. 그 결과 내러티브에 기초한 증거의 설득 효과가 더 높다는 연구물들이 더 많다는 사실이 발견되었다. 하지만 1997년에 보고된 앨런(Allen)과 프레이스(Preiss) 연구팀은 기존 16개의 개별 실험 논문을 메타 분석한 결과 통계 자료에 기초한 증거가 통계적으로 유의미한 차원에서 더 높은 설득 효과를 보였다고 말하고 있다.[23] 이를테면 1:1 무승부가 된 셈이다.

2015년에는 4명의 네덜란드 암스테르담 대학 교수들이 기존 메타 분석의 오류를 지적하면서 다시 한 번 증거의 설득 효과에 대한 메타 분석을 시도했다.[24] 유럽의 연구팀은 미국의 연구팀이 증거 유형별 특성을 고려하지 않는 오류를 범했다고 주장했다. 유럽의 연구팀은 2개의 흥미로운 가설을 제기했다. 첫째, 사람들은 통계 자료에 기초한 증거에 논리적으로 반응한다. 그 결과 증거는 신념이나 태도 같은 인지적 결과 변인에 더 큰 영향력을 미친다. 둘째, 내러티브에 기초한 증거에 사람들은 감정적으로 반응한다. 그 결과 내러티브는 행동 차원의 결과 변인에 더 큰 영향력을 미친다. 미국과 유럽에서 출판된 기존 15개의 연구 논문을 대상으로 수행된 메타 분석 결과는 그들이 제기한 가설이 타당함을 지지해주었다.

유럽의 연구팀은 메타 분석 결과를 토대로 매칭 이론을 주장했다.

즉, 증거의 유형별 특성과 화자가 원하는 결과 사이에 올바른 매칭이 이루어져야 증거의 설득 효과가 최적화된다는 것이다. 화자가 청중의 신념이나 태도에 영향을 주는 것을 목표로 한다면 통계 자료에 기초한 증거가 바람직하다. 반면 화자가 청중의 행동에 영향을 주고 싶다면 내러티브에 기초한 증거를 사용해야 한다. 하나의 증거 유형으로 신념, 태도, 행동 모든 영역에서 높은 설득 효과를 기대할 수 없다면, 우리는 당연히 '올바른 매칭'을 고민해야 한다.

유럽의 메타 분석 연구팀은 실무자를 위해서는 보다 관대한 조언을 제공하고 있다. 올바른 매칭 대신 2가지 유형의 증거를 모두 사용하라는 것이다. 통계 자료에 기초한 증거와 내러티브에 기초한 증거를 경쟁 상대로 보지 말고 하나의 팀으로 이해하라는 조언이다. 미국의 메타 분석 연구팀들도 비슷한 맥락에서 앞으로 진행될 연구는 2가지 유형의 증거를 결합해서 함께 사용하면 어떤 결과를 얻을 수 있는지에 대해 주목해야 한다고 제언한 바 있다.

정치인들의 메시지를 분석한 연구 결과는 메타 분석 연구자들의 제언이 바람직하다는 확실한 증거를 제시해준다.[25] 최근 정치인들의 메시지에서는 증거의 2가지 유형이 모두 발견되고 있기 때문이다. 정치인들은 과학자보다 더 빨리 증거의 설득 효과를 최적화하는 방법을 터득하고 있었던 것 같다.

그렇다면 2가지 유형의 증거를 어떤 순서로 결합하면 좋을까? 하나의 방법은 일단 청중의 신념과 태도에 영향을 주기 위해 통계 자료에 기초한 증거를 사용하는 것으로 시작한 다음 행동 유발을 위해 내러티브에 기초한 증거를 사용하는 것이다. 이러한 순서가 내러티브 다음에 통계 자료를 사용하는 순서보다 더 효과가 높을지는 추후의 연구가 판명할 일이다. 참고로 앞에서 언급한 정치인들의 메시지 분석 연구에 따르면 정치인들은 통계 자료에 기초한 증거를 사용한 다음 내러티브에 기초한 증거로 통계 자료를 보충한다고 한다.

숫자를 설득력 있게 제시하는 법

통계 자료에 기초한 증거의 핵심은 숫자다. 구체적인 수치에 사람들은 반박하지 못한다. 숫자는 거짓말하지 않는다는 막연한 믿음 때문이다. 숫자를 적절하게 사용하면 설득하기가 훨씬 쉬워진다. 마케팅 전문가 장문정 소장은 숫자를 사용해서 고가형 스마트폰을 파는 방법에 대해 이렇게 말하고 있다.[26]

통계적으로 한국 사람들 대다수는 스마트폰을 하루에 150번 이상 바라봅니다. 1년이면 무려 5만 번입니다. 아무리 사랑하는 사람이라도 그만큼 쳐다보지 못하죠. 내 인생에서 가장 많이 쳐다보는 스마트폰이라면 화면이 좋아야 되고 속도 시원해야 답입니다. 그러니 이것 쓰세요.

설득 전문가들이 가르쳐주는, 숫자를 설득력 있게 제시하는 구체적인 방법 7가지에 대해 알아보자.

1. 기억하기 쉽게 숫자를 만든다.

청중은 통계 수치를 단 한 번만 듣게 될 것이다. 그러므로 수치를 기억하기 쉽게 만들어야 한다. 복잡한 수치는 기억하기 어렵다. 그러므로 통계치를 소수점까지 정확하게 제시하기보다 반올림하거나 대략적인 수치의 형태로 제시하는 것이 좋다.

2. 숫자의 의미를 비교를 통해 명확히 한다.

숫자 자체로는 의미를 정확하게 파악하기 힘들다. 예를 들어 고졸 신입사원의 평균 연봉이 2400만 원이라면 이 수치를 다른 근로자의 평균 연봉(예를 들면 대졸 신입사원의 평균 연봉)과 비교해서 이들의 연봉 인상이 필요하다고 주장한다.

3. 숫자를 청중이 이미 알고 있는 친숙한 것에 연결한다.

비교 대상이 청중에게 이미 친숙한 것이라면 통계 수치의 효과는 극대화된다. 예를 들어 지구 온난화로 빙하 180억 톤이 녹았다고 말하면 사람들은 그 규모를 짐작하기 힘들다. 대신 수영장 720만 개 분량의 빙하가 녹아서 바다로 쏟아졌다고 말하면 사람들은 지구 온난화의 환경 파괴적인 악영향을 금방 알아차리게 된다.

4. 통계 수치를 적당히 사용한다.

재판에서 증거를 사용할 때 '수량(quantity)의 법칙'이 있다. 너무 많은 양의 증거를 사용하지 말라는 뜻이다. 과유불급(過猶不及)이라는 표현처럼 과도한 숫자 사용은 청중의 기억 능력에 과부하를 일으켜 역효과를 가져온다.

5. 통계 수치의 신뢰성을 강조한다.

청중이 통계 수치를 의심 없이 받아들이려면 통계 자료가 신뢰할 수 있는 출처에서 만들어졌음을 강조할 필요가 있다. 예를 들어 기후 위기에 대한 인식과 관련한 통계 자료가 권위 있는 갤럽 조사에 기초한 것임을 밝힌다.

6. 숫자를 통해 시대적 경향의 흐름을 제시한다.

통계 자료는 시간이 흐름에 따라 빠르게 변화될 수 있다. 그러므로 믿을 수 있는 최신 통계 자료를 사용하고 청중에게 전체적인 시대적 경향의 흐름을 설명한다.

7. 시각 자료를 사용하여 통계 수치를 보고한다.

시각적 자료는 우리 뇌에서 가장 빨리 처리된다. 통계 수치는 가능한 그래프나 도표 등의 시각적 형태로 제시하는 것이 바람직하다.

② 스토리텔링, 가장 '힙'한 설득의 기술

내러티브는 증거의 설득 효과를 위해 사용되기도 하지만 활용 범주는 상상을 초월할 정도로 광범위하다. 내러티브는 광고, 리더십, 헬스 커뮤니케이션 등의 영역에서 활발하게 사용되고 있다. 설득 커뮤니케이션 학자들은 내러티브의 엄청난 잠재력을 발견하고 내러티브의 모든 것을 알기 위해 온 힘을 집중하고 있다. 내러티브는 현대 설득 커뮤니케이션 영역의 가장 '핫'한 주제의 하나로 자리매김하고 있다.

학술 논문 데이터베이스에서 '내러티브'란 단어를 검색했을 때 1993년에는 논문이 15개밖에 없었다고 한다. 그런데 10년 후인 2003년에는 380% 증가했고, 20년 후인 2013년에는 이 수치가 700%

까지 치솟았다. 1993년부터 2013년까지 20년 동안 출판된 내러티브 관련 논문의 수는 1346개로 나타났다. 이 수치는 설득 커뮤니케이션의 가장 오래된 클래식 이론의 하나인 '인지부조화(cognitive dissonance) 이론' 관련 논문의 수에 버금가는 규모이다. 2013년 이후에도 매년 100편 이상 내러티브 관련 논문이 학계에 보고되고 있다.

똑같은 이야기도 재미있게

내러티브란 개념은 정의하기 쉽지 않다. 우리말 국어사전은 내러티브를 '정해진 시공간 내에서 인과관계로 이어지는 허구 또는 실제 사건들의 연속'으로 정의하고 있다. 다시 표현하면 내러티브는 이야기를 전달하는 형식과 내용 모두를 포함하는 개념이다. 똑같은 이야기를 해도 누가 하면 재미있고 누가 하면 재미없는 경우가 있다. 왜 이런 차이가 생길까? 전달 방식이 다르기 때문이다. 내러티브는 플롯(plot), 사건의 인과관계, 시공간의 배열 등 다양한 요소의 선택 과정을 포함하고 있다. 간단한 예를 하나 들어보자.

사건 A: 왕자가 죽었다.

사건 B: 공주가 죽었다.

내러티브 C: 왕자가 죽자 비탄에 빠진 공주도 왕자의 뒤를 따라서 세상을 떠났다.

사건 A와 사건 B는 내러티브화되기 이전에는 독립적으로 존재한다. 하지만 내러티브 C는 2개의 개별 사건을 인과관계를 갖는 하나의 연결된 사건으로 바꾼 것이다. 동일한 사건을 어떠한 플롯으로, 어떠한 인과관계로, 그리고 어떠한 시공간을 배경으로 연결하느냐에 따라 다양한 내러티브가 가능하다. 사람들은 개별 사건에 대해서는 냉담하게 반응하지만 내러티브에는 공감을 표현한다. 참고로 내러티브란 단어는 우리말로 번역하기도 쉽지 않다. 내러티브는 일반적으로 '서술' 혹은 '이야기' 등으로 번역된다. 하지만 기존 번역이 내러티브의 풍부한 뜻을 모두 담기에 부적절하다는 판단에 따라 내러티브를 번역하지 않고 원어 그대로 사용하려 한다.

인류 역사를 통해 가장 오래되고 막강한 영향력의 도구는 내러티브라는 사실을 우리는 어렵지 않게 발견할 수 있다. 인류가 공식적으로 언어를 구사하기 훨씬 전인 기원전 15000년 전부터 인류는 동굴벽화를 통해 사냥과 동물에 관한 스토리를 기록해왔다. 이러한 사실에 비춰보면 내러티브의 역사는 곧 인류의 역사라고 해도 과언이 아닐 것이다. 인류의 가장 오래된 책 중 하나인 성경도 예수가 즐겨 우화라는 내러티브 형식을 통해 종교적인 가르침을 주었음을 보여준다.

현대 과학은 왜 인류가 오래전부터 내러티브를 사용해왔는지에 대해 확실한 답을 제시하고 있다. 브래덕(Braddock)과 딜라드(Dillard) 교수 연구팀은 2016년 내러티브의 설득 효과에 대한 메타 분석 결과를 학계에 보고했다.[27] 기존의 메타 분석이 내러티브와 통계 자료에 기초한 증거의 설득 효과를 상대적으로 비교하는 데 반하여 이들의 논문은 내러티브에 노출된 집단과 그렇지 않은 통제 집단을 직접 비교하여 내러티브의 설득 효과를 분석했다.

총 74개의 실험 연구를 메타 분석한 결과는 내러티브의 영향력이 생각보다 엄청나다는 사실을 명백하게 보여준다. 내러티브가 포함된 메시지에 노출된 실험 집단은 그렇지 않은 통제 집단보다 신념, 태도, 행동 의도, 그리고 행동 등 4개의 결과 변인 모두에서 월등히 높은 설득 효과를 나타냈다. 내러티브의 효과는 모든 유형의 커뮤니케이션 결과 변인에서 강력한 영향력을 발휘한다는 사실이 명확하게 밝혀진 것이다.

다시 말해 증거 유형별 설득 효과를 비교하는 메타 분석에서는 내러티브의 효과가 행동 차원에서만 제한적으로 나타났지만(2부 1장 참고), 통제 집단과 직접 비교해보니 행동 차원뿐만 아니라 인지적 차원에서도 통계적으로 유의미한 차이가 발견된 것이다. 연구팀은 또한 내러티브의 효과가 전달 매체에 따라 달라지지 않는다는 사실도 보고했다. 시각, 청각, 혹은 책 등의 텍스트 매체에 상관없이 내러티브의 효과는 안정적으로 나타나고 있었다. 한마디로 내러티브의 효과는 무소불위(無所不爲)의 경지에 이른다.

몰입의 즐거움

　설득 전문가들은 내러티브를 통해 전달되는 설득 메시지에 대해
수용자들이 일반적인 설득 메시지와 다르게 반응한다고 설명한다.
내러티브에 노출된 청중은 스토리 속으로 깊이 빨려들어 가는 감정
적 경험을 하게 되고, 또한 스토리 속의 주인공들과 깊은 개인적 관
계를 맺게 되면서 내러티브 효과가 발생한다는 것이다. 필자의 책
『오메가 설득 이론』에서 자세히 소개된 내러티브의 설득 효과를 이
끄는 2가지 심리적 과정인 몰입이동(transportation)과 정보원 동일시
(source identification)에 대해 더욱 자세히 알아보자.

1. 몰입이동 효과

　설득 커뮤니케이션 학자들의 연구에 의하면 내러티브의 설득 효
과는 청중이 스토리 속으로 얼마나 깊숙이 빠져들어 가는가에 따라
결정된다고 한다. 그린(Green)과 브록(Brock) 교수 연구팀은 이처럼
청중이 이야기 속으로 빠져들어 가는 현상을 '몰입이동'이라는 용어
로 설명했다.[28] 다시 말해서 내러티브는 청중을 스토리에 몰입시켜
다른 세상으로 이동시킨다는 것이다.

　이 세상은 스토리텔러의 상상력에 의해 만들어진 또 하나의 정신
세계다. 몰입이동을 통해 새로운 세상을 경험하고 다시 현실의 세
계로 돌아온 청중은 더 이상 예전과 동일한 사람이 아니다. 이들은

내러티브 속 주인공의 신념에 공감하고, 자신과 다른 관점에 대해 더 큰 인내심을 갖게 되고, 내러티브가 유도하는 주장에 찬성하게 된다.

흥미롭게도 몰입이동의 설득 효과는 전통적인 태도 변화보다는 사람들의 저항을 감소시킨다는 관점에서 설명되고 있다. 내러티브 설득의 탁월한 연구자인 슬레이터(Slater) 교수는 "설득 메시지의 주장에 추호도 동의하지 않겠다고 결심한 사람들의 신념을 바꿀 수 있는 유일한 설득 방법은 스토리 형식을 사용하는 것"이라고 말한다. 내러티브를 통해 청중의 저항이 감소되는 과정은 다음과 같은 이론적 관점에서 설명할 수 있다.

첫째, 내러티브는 청중의 편향된 정보처리 성향을 방지하여 반론 제기의 가능성을 낮춘다. 정보처리 관점에서 커뮤니케이션 현상에 접근하고 있는 맥과이어 교수는 설득 메시지는 노출, 이해, 평가, 수용의 4단계를 거쳐 처리된다고 주장하고 있다. 일단 설득 메시지에 노출된 사람들은 메시지의 내용을 이해하고, 자신의 인지 시스템에 접수된 내용을 평가한 후, 그 내용이 긍정적이거나 혹은 적극적인 저항이 없으면 설득 메시지를 받아들이게 된다는 것이다. 그러나 청중들은 자신이 동의하지 않는 입장을 주장하는 설득 메시지에 노출되면 무시하거나 혹은 반론을 제기해서 편향적으로 정보를 처리하는 경향을 보인다. 예를 들어 설득 의도가 분명한 메시지에 노출될 것이라는 사전 경고는 청중의 활발한 반론 제기의 원인이 된다.

그러나 내러티브의 서사적 구조는 청중에게 전달되는 메시지의 목적이 무엇인지를 파악하기 힘들게 만든다. 복잡하게 전개되는 스토리라인에 빠져들다 보면 사람들은 이미 편향적 정보처리의 기회를 상실한 채 설득 메시지에 고스란히 노출되어 저항할 기회를 놓치게 된다.

둘째, 메시지 내용에서도 내러티브는 일반적 설득 메시지보다 청중의 저항을 약화시키는 요소를 갖고 있다. 스토리는 대부분 어떤 사람의 인생 경험을 담고 있다. 그것이 실제 경험이든 소설로 꾸며진 가상 경험이든, 어떤 사람의 삶에 대해 반론을 제기하기는 쉽지 않을 것이다. 그뿐만 아니라 분명하고도 논리적인 주장으로 설득을 시도하는 메시지에 비해 내러티브의 설득 메시지는 전체 스토리 속에 숨겨져 잘 드러나지 않게 함축적으로 전달되기 때문에 반론 제기를 더욱 어렵게 만든다.

셋째, 사람들이 스토리에 빠져들어 몰입이동 상태가 되기까지는 적지 않은 인지적 및 감정적 에너지 소모가 동반된다. 그리하여 일단 몰입이동 상태에 빠져버린 청중들은 반론 제기를 위해 더 이상의 에너지를 만들어내기가 거의 불가능할 것이다.

2. 정보원 동일시 효과

내러티브는 몰입이동 과정을 통해 설득 메시지에 대한 부정적인 반응을 약화시켜 저항을 극복할 뿐 아니라 정보원 동일시라는 과정을 통해서도 메시지의 설득 효과를 극대화한다. 정보원 동일시 현상은 "사람들이 스토리에 등장하는 특정 인물에 대해 동질성을 느끼거나 그 인물과 사회적 관계를 맺고 있다고 느끼는 과정"을 지칭한다. 이 과정을 통해 청중은 자신을 상실하고 내러티브 속의 인물로 빠져들게 된다.

정보원 동일시 과정을 통해 청중이 일단 자신을 상실하고 내러티브 속의 세상으로 들어가면 내러티브가 전달하려는 메시지에 반론을 제기할 동기를 잃는 것은 당연한 귀결이다. 자기가 자기를 공격하는 것은 분명 즐거운 일이 아니기 때문이다. 그뿐만 아니라 동일시 과정을 통해 스토리의 주인공에 대해 감정적으로 공감을 하고, 그(그녀)의 생각과 가치관에 인지적으로 동조하면 드라마 시청자가 실제로 주인공의 입장에 부합하는 행동을 실행에 옮길 가능성도 커진다.

예를 들어 TV 드라마에 등장하는 악역 배우에게 극단적인 악감정을 보여주는 일부 시청자들의 행동을 생각해보자. 드라마 〈왔다! 장보리〉에서 연민정 역을 맡은 배우 이유리에게 드라마 촬영 현장을 지나가던 할머니가 욕설을 퍼부었다거나, 또 다른 배우 이훈이 악역을 맡았다가 식당에서 주먹으로 맞을 뻔했다는 사례가 그러한 경우에 해당한다. 영화 〈추격자〉에서 연쇄살인범 역할을 맡은 하정우역시 영화 개봉 뒤 사람들이 자신을 보고 경찰에 신고하기도 하고, 엘리베이터를 같이 타지 않으려고 했다고 털어놓았다.

대박 드라마는 어떻게 만들어지는가?

지금은 TV 드라마 시청률이 20%를 넘으면 대박이라는 평을 듣는다. 하지만 1990년대 드라마 〈첫사랑〉, 〈사랑이 뭐길래〉, 〈모래시계〉, 〈허준〉 등은 모두 60% 이상의 높은 시청률을 올렸다. 어떻게 하면 시청자들의 마음을 붙잡아 과거처럼 높은 시청률을 올릴 수 있을까? 그 비결을 『오메가 설득 이론』에 소개된 〈황금의 제국〉이라는 TV 드라마의 사례를 통해 알아보자. 〈황금의 제국〉은 몰입이동 효과와 정보원 동일시 효과가 서로 충돌할 때 어떤 현상이 벌어지는가를 분명하게 보여준다. 일단 이 드라마의 스토리라인은 최고 수준이었다. 이 드라마에 대한 시청자의 댓글을 보자.

> 드라마에 빠져보기는 처음입니다. 이 말밖에 할 말이 없네요. 최고의 드라마. 앞으로 이런 드라마가 또 나올는지? 벌써부터 아쉬워지네요.

하지만 이 드라마의 문제점은 몰입이동이 시청률로 연결되지 않았다는 것이다. 또 다른 시청자 댓글은 이 점을 분명히 보여준다.

> 작가님의 구성과 전개가 돋보이는 수작! 시청률 1위가 아닌 것이 이상하네요.

왜 그럴까? 왜 작품은 분명 우수하고 많은 사람들이 작품에 대해서는 몰입이동을 하는데 시청률은 고전하는 것일까? 이 질문에 대한 답 역시 시청자의 댓글에서 찾아볼 수 있다.

> 흑백 구도가 왜 필요한지 절실히 느낀 드라마. 그 누구에게도 감정이입을 할 수 없고, 이제는 지쳐간다. 안 볼랍니다. 누가 제국을 가지든 말든 그건 그들의 이야기일 뿐.

> 당황스럽다. 누구를 응원해야 할지 모르겠다.

〈황금의 제국〉에 등장하는 인물들에서는 절대선과 절대악을 찾아볼 수 없다. 권선징악, 인과응보 형식의 전개에 익숙한 시청자들은 주인공도 필요에 따라 배신을 밥 먹듯이 하고, 악인들도 때로는 인간적인 모습을 보여주는 새로운 형식의 드라마 속 어느 누구 한 사람에게도 마음을 줄 수 없었던 것이다. 그 결과는 당연히 10% 안팎이라는 저조한 시청률로 나타났다. 대체적으로 범죄추리물처럼 잘짜여진 플롯 중심으로 전개되는 TV 드라마가 잘생긴 남녀 주인공을 앞세운 멜로드라마보다 시청률이 낮은 이유 역시 빠른 스토리 전개가 주인공에 대한 정보원 동일시를 방해하기 때문일지도 모른다.

높은 시청률을 원한다면 유난히 '정'이 많은 우리나라 시청자들은 자신이 공감하는 주인공과 감정적 교류를 하기 위해 TV 드라마를

본다는 사실을 기억해야 한다. 히트 드라마의 성공 비결은 남녀 주인공이 얼마나 시청자와 감정적으로 깊은 교류를 할 수 있는가에 달려 있다. 〈황금의 제국〉의 사례는 아무리 플롯이 탄탄한 드라마라 할지라도 시청자가 감정이입할 수 있는 남녀 주인공을 만들어내지 못하면 높은 시청률을 기대할 수 없다는 사실을 분명하게 보여주고 있다.

03

긍정 메시지와 부정 메시지의 프레이밍 효과

플라톤 이래 서양 철학은 '인간은 합리적 존재'라는 믿음을 바탕으로 인간을 탐구해왔다. 그러나 현대 과학자들은 '인간은 합리적(rational) 존재가 아니라 합리화하는(rationalize) 존재'라고 말한다. 1981년 2명의 천재 이스라엘 학자들은 인간의 합리성에 대한 믿음을 뿌리째 흔드는 연구 결과를 보고했다.[29] 트버스키(Tversky)와 카너먼(Kahneman) 교수 연구팀은 '메시지 프레이밍'에 따라 달라지는 의사 결정 형태를 통해 인간의 이성이 인지 과정에서 발생하는 오류와 편견에 얼마나 취약한지를 분명하게 보여주었다.

세계에서 가장 훌륭한 대학의 하나로 인정받고 있는 미국 스탠퍼드 대학의 학생들을 대상으로 연구한 결과 아무리 똑똑한 사람이라도 인지 오류와 편견의 덫을 피해갈 수 없다는 사실이 명백하게 드러났다. 독자들도 그들의 실험에 직접 참여하여 메시지 프레이밍의 영향력을 생생하게 느껴보자.

메시지 프레이밍의 설득 효과

우리가 지금 코로나 바이러스보다 훨씬 치명적인 팬데믹 전염병을 경험하고 있다고 가정해보자. 그런데 전염병에 매우 효과적일 것으로 기대되는 신약이 개발되었다고 한다. 만약 당신이 이 약의 승인 여부를 결정하는 최고의사결정권자를 설득해야 한다면 어떻게 신약의 효과를 설명해야 사용 승인을 받아낼 수 있을까? 다음의 2가지 메시지 중에서 어떤 것이 더 효과적일까?

A: 신약을 사용하면 600명 중의 200명은 확실하게 살릴 수 있습니다.
B: 신약을 사용하면 600명 전부를 살릴 수 있는 확률은 33.3%이고, 600명 전부 사망할 확률은 66.7%입니다.

당신이 메시지 A를 선택했다면 미국 스탠퍼드 대학의 학생 대부분과 같은 선택을 한 셈이다. 그들도 다수가 메시지 A를 선택했다.

확실하게 200명을 살린다는 메시지가 33.3%의 확률로 600명 전부를 살릴 수 있다는 메시지 B보다 훨씬 더 매력적으로 판단된 것이다. 이제 앞의 메시지와 내용은 같지만 약간만 표현을 바꿔보자. 다음의 2가지 메시지 중에서 어떤 것을 선택하겠는가?

C: 신약을 사용하면 그래도 600명 중의 400명은 사망할 것입니다.

D: 신약을 사용하면 600명 전부를 살릴 수 있는 확률은 33.3%이고, 600명 전부 사망할 확률은 66.7%입니다.

이번에도 당신은 대부분의 스탠퍼드 대학의 학생들처럼 메시지 D를 선택했을 것이다. 400명이 확실하게 사망한다는 사실은 쉽게 용납되지 않는 메시지다. 이런 경우에는 600명 전원이 사망할 확률이 66.7%나 된다고 해도 메시지 D가 더 매력적으로 다가왔을 것이다.

카너먼과 트버스키 연구팀은 의사 결정 과정에서 발생하는 인지적 오류와 편견을 보여주려는 의도에서 그들의 선구적인 실험을 설계했다. '전망 이론(prospect theory)'이라고 불리는 이들의 연구에 자극받은 후속 학자들이 줄이어 전망 이론을 확장하여 나중에는 행동경제학이라고 불리는 새로운 학문 영역이 만들어졌다. 그 공로를 인정받아 카너먼 교수는 2002년 노벨 경제학상을 수상했다. 심리학자가 노벨 경제학상을 수상한 전무후무한 사례다.

'~해야'와 '~하지 않으면'의 차이

메시지 프레이밍 이론은 본래 비합리적인 의사 결정 과정을 설명하기 위해 시작되었지만, 헬스 커뮤니케이션 학자들은 보다 실용적인 목적을 위해 메시지 프레이밍을 연구하고 있다. 의사들이 환자와의 커뮤니케이션에서 어떻게 말해야 할지에 대한 훌륭한 가이드라인을 제공하기 때문이다. 예를 들어 "야채를 많이 먹어야 건강을 유지할 수 있습니다"라는 말과 "야채를 먹지 않으면 심각한 질병에 걸릴 수 있습니다"의 설득 효과가 큰 차이를 보인다.

그동안 메시지 프레이밍 효과와 관련해서 네 번의 메타 분석이 헬스 커뮤니케이션 영역에서 수행되었다. 오키프와 젠슨(Jensen) 교수 연구팀은 무려 3회에 걸쳐(2006년, 2008년, 2009년) 공동 연구자로 메시지 프레이밍에 대한 메타 분석 결과를 학계에 보고했다. 갈라거 (Gallagher)와 업데그라프(Updegraff) 교수 연구팀이 2012년에 발표한 메타 분석 연구는[30] 오키프와 젠슨 교수보다 규모가 더 크고, 가장 최근의 연구 논문까지 포함하고 있기 때문에 이 논문을 중심으로 메시지 프레이밍 효과의 현주소를 살펴보자. 다행히 그들의 메타 분석 연구 결과와 이전의 3회에 걸친 메타 분석 연구 결과는 여러 면에서 일치하는 내용이 많았다.

연구팀은 헬스 커뮤니케이션 분야에서 발견된 메시지 프레이밍 효과 관련 출판 논문 총 94편과 개별 실험 총 189회를 대상으로 메타 분석을 실시했다. 일반적인 메타 분석보다 훨씬 방대한 셈이다.

메타 분석은 헬스 커뮤니케이션의 2가지 핵심 영역에 대해 별도로 수행되었다. 첫 번째는 질병 예방을 위한 바람직한 행동을 권장하는 캠페인이다. 한 연구 보고에 의하면 연간 질병으로 인해 미국에서 사망하는 사람의 절반 정도는 미리 예방할 수 있는 것이었다고 한다. 당연히 미국의 공공보건 정책은 질병 예방을 최우선 과제로 삼고 있다. 두 번째는 질병의 빠른 발견과 치료를 위해 조기 건강검진을 권장하는 캠페인이다. 우리나라 보건복지부도 무료 건강검진 정책을 통해 질병을 조기에 발견하는 데 최선을 다하고 있다.

전망 이론에 의하면 설득 메시지가 권장하는 행동의 위험도가 낮은 경우에는 권유를 따를 때 얻을 수 있는 혜택을 강조하는 메시지가 더 효과적이다. 반대로 설득 메시지가 권장하는 행동의 위험도가 높은 경우에는 권유를 따르지 않을 때 잃을 수 있는 손실을 강조하는 메시지가 더 효과적이다. 질병 예방을 위한 바람직한 행동을 권장하는 캠페인은 (예를 들어 규칙적인 운동) 비교적 위험도가 낮은 경우에 해당한다. 전망 이론의 예측처럼 메타 분석의 결과도 이런 경우에는 혜택 프레임이 손실 프레임보다 설득 효과가 더 높다는 것을 보여준다. 하지만 두 프레임 간의 설득 효과 차이는 그리 크지 않았다.

반면 건강검진 결과는 종종 예상치 못한 질병의 발견으로 이어질 수 있기 때문에 조기 건강검진을 권장하는 캠페인은 비교적 위험도가 높은 경우에 해당한다. 메타 분석의 결과는 전망 이론의 예측과는 달리 유방암을 제외하고 혜택 프레임과 손실 프레임의 설득 효과 차이가 발견되지 않았다고 한다.

전망 이론 이후 메시지 프레이밍에 대한 지식은 학문의 영역을 넘어서서 일반 교양의 영역까지 진출했다. 예를 들어 웹사이트에 올라온 수많은 블로그들은 전망 이론을 기초로 메시지 프레이밍을 이용한 구체적인 언어 표현 방법을 자신 있게 알려주고 있다. 위험도가 낮은 행동을 권유할 때는 '만일 당신이 내 제안을 받아들인다면 이러이러한 것을 얻을 수 있습니다'라는 식의 혜택 메시지를 사용해야 하고, 위험도가 높은 행동을 권유할 때는 '만일 당신이 내 제안을 받아들이지 않는다면 이러이러한 것을 잃을 수 있습니다'라는 식의 손실 메시지를 사용해야 한다는 것이다. 하지만 과학적인 메타 분석 결과는 기존 지식이 기껏해야 절반만 유효하다고 경고한다.

실제로 오키프와 젠슨 연구팀은 위와 같은 언어 표현의 특성에 따른 메시지 프레이밍 효과를 추가적으로 메타 분석했다. 그 결과 질병 예방을 위한 바람직한 행동의 권유와 질병의 조기 발견을 위한 건강검진의 권유 2가지 영역 모두에서 설득 효과의 차이가 발견되지 않았다.

어쩌면 지금까지 우리가 알고 있던 메시지 프레이밍 효과는 전혀 근거 없는 잘못된 지식인지도 모른다. 하지만 메타 분석 연구자들은 실망으로 가득할 블로거들에게 위로의 한마디를 잊지 않았다.

메시지 프레이밍은 설득의 결과 변인들(예를 들어 신념, 태도, 행동 등)과 직접 연결되는 대신, 제3의 변인을 통해 간접적으로 효과를 낼 수 있다는 설명이다. 내가 아버지와 관계가 좋지 않아서 직접 아버지를 설득하지는 못하지만 내가 누나를 설득하고 아버지가 엄청 사랑하는 누나가 아버지를 설득하면 결국 내가 아버지를 설득하는 것과 같은 결과를 얻을 수 있다는 말이다.

훨씬 더 매력적인 메시지

고대 그리스의 과학자 아르키메데스는 목욕탕에서 부력의 원칙을 깨닫고는 "유레카!"라고 외쳤다고 한다. 현대 과학자 나비(Nabi) 교수도 "유레카!"를 외쳤다. 그녀는 메시지 프레이밍 효과가 직접 나타나지 않고 청중의 정서적 반응을 통해 간접적으로 나타난다는 사실을 메타 분석을 통해 증명하고는[31] 아르키메데스처럼 소리쳤다.

2020년에 발표된 논문에서 나비 교수를 포함한 7명의 연구자들은 혜택 프레임은 행복, 희망 등의 긍정적인 감정을, 손실 프레임은 공포, 분노 같은 부정적인 감정을 도출한다는 사실을 밝혀냈다. 그리고 이어서 긍정적인 감정이 강할수록 혜택 프레임의 설득 효과가 높아지고, 부정적인 감정이 강할수록 손실 프레임의 설득 효과가 높아진다는 사실도 보고했다. 그러나 이전의 메타 분석 논문들의 결론처럼 나비 교수의 메타 분석에서도 메시지 프레이밍의 직접적 설득 효과는 발견되지 않았다.

다시 말해 메시지 프레이밍 효과는 직접 발생하지 않고 정서적 반응을 매개로 간접적으로 발생한다는 사실이 분명해졌다. 이제 웹사이트에 글을 올리는 블로거들은 메시지 프레이밍 효과를 설득의 목적으로 사용하는 방법에 대해 새로운 글을 올려야 할 것 같다. 혜택 프레임을 사용할 때는 긍정적 감정이 물씬 드러나는 언어적 표현을 하고, 손실 프레임을 사용할 때는 부정적 감정이 왈칵 쏟아져 나오는 언어적 표현을 사용해야 한다고 말이다.

프레이밍에 관한 연구는 역사도 깊고 커뮤니케이션 영역뿐만 아니라 다양한 학문 영역에서 연구되고 있다. 전망 이론은 혜택 프레임과 손실 프레임의 형태에 따라 사람들의 의사 결정이 달라질 수 있다는 사실을 분명하게 보여주었지만, 커뮤니케이션 영역에서 메시지 프레이밍 효과를 제대로 이해하기에는 아직도 많은 연구가 필요하다. 하지만 학자들의 연구 성과가 축적되기까지 기다릴 시간이 없는 독자들을 위해 필자는 기존 학술 연구에 기초하여 메시지 프레이밍 효과를 일상생활에서 활용하기 위한 몇 가지 실용적인 팁을 제공한다.

첫째, 현실 지향적인 사람들은 의사 결정의 단기적 결과를 중요시한다. 그런 사람들은 손실 프레임 메시지를 더 선호한다고 한다. 반면 의사 결정의 장기적 결과를 더 중요하게 여기는 미래 지향적인 사람들은 혜택 프레임이나 손실 프레임의 차이에 별로 영향을 받지 않는다.

둘째, 번지점프나 스쿠버다이빙처럼 짜릿한 쾌감을 주는 활동을 즐기는 모험 추구자들은 손실 프레임에 더 쉽게 설득된다. 반면 자전거 타기나 걷기처럼 안정적인 활동을 즐기는 모험 회피자들은 혜택 프레임에 더 취약성을 보인다.

셋째, 사람들이 긍정적 무드 상태일 때는 혜택 프레임의 설득 효과가 더 크다고 한다. 모험을 회피하여 현재의 기분 좋은 상태를 더 이어가고 싶은 동기가 작용했기 때문일 것이다.

앞에서 제시한 연구 결과를 참고하여 상대방이 어떤 성향을 갖고 있는가를 판단하고 나서 상황에 맞는 메시지 프레이밍 유형을 선택하여 설득한다면 원하는 결과를 쉽게 얻을 수 있을 것이다.

04
최고의 세일즈맨은
은유의 달인이었다

19세기 초 자동차가 처음으로 등장했을 때 자동차 업계 사람들은 '말 없는 마차(horseless carriage)'라고 소개했다. 엔진으로 구동되는 자동차의 개념을 이해하지 못하는 소비자들에게 자동차를 쉽게 설명하기 위해서는 기존의 운송 수단인 마차와 연결하는 작업이 필요했다. 자동차는 마차의 일종인데 말로 달리는 마차와 달리 말 없는 마차라는 설명은 자동차를 이해하는 데 큰 도움을 주었다.

이처럼 문학에서는 이해하기 어려운 새로운 개념을 청중이 쉽게 인식할 수 있는 기존의 개념을 사용하여 설명하는 수사 기법을 은유라고 부른다. 은유를 뜻하는 메타포(metaphor)는 '건너서' 혹은 '넘어서'라는 뜻의 그리스어 '메타(meta)'와 '나르다' 혹은 '지니다'는 뜻을 가진 '페레인(pherein)'의 합성어로 하나의 사물로부터 다른 것으로 '건너서 나르는 것', 그래서 '어떤 것이 다른 것의 속성을 지니게 만드는 것'을 의미한다. 간단한 사례를 통해 은유가 작동하는 과정을 설명해보자.

은유는 'A는 B다'라고 말하는 수사 기법이다. 여기서 A는 '타깃(target)', B는 '베이스(base)'라고 불린다. 은유를 통해 베이스 B의 의미가 타깃 A로 넘어가게 된다. 예를 들어 '사랑'이라는 타깃에 대해 생각해보자. '사랑'이라는 말은 엄청나게 많은 의미를 내포하고 있다. 특히 대중가요에서 '사랑'이라는 말은 다양한 의미를 표현한다. 사랑의 기쁨을 노래하는 가사에서는 사랑이 '일곱 색깔 무지개'가 되고, 사랑의 슬픔을 노래하는 가사에서는 사랑이 '눈물의 씨앗'이 된다. 사랑의 의미는 어떤 은유 베이스를 사용하느냐에 따라 확연히 달라질 수 있다.

은유는 시문학의 가장 대표적인 수사 기법이지만 설득 커뮤니케이션 학자들은 은유가 설득 메시지의 효과를 높이는 데도 매우 유용한 도구가 될 수 있다는 사실을 일찍부터 알아차렸다. 아리스토텔레스는 문체와 관련된 문제를 다루는 『수사학』 3권에서 은유에 대해 여러 번 언급하고 있다. 은유는 시나 산문에서 지대한 영향을 미치지만, 산문에서는 은유를 활용하는 데 더 힘을 쏟아야 한다고 말한다. 문체로 도움받을 만한 수단들이 시와는 달리 산문에서는 별로 없기 때문이라는 것이다. 아리스토텔레스는 "은유는 문체에 명료함과 색다름을 탁월하게 부여하고, 다른 수단을 통해서는 이런 효과를 얻을 수 없다"고 단정적으로 말하고 있다. 은유는 연설문을 세련되게 만들고, 사람들에게 즐거움을 준다고도 덧붙였다.

은유가 가지는 설득의 힘

미국의 신화학자 조지프 캠벨(Joseph Campbell)은 "세상을 바꾸고 싶으면 은유를 바꿔라"고 말했다. 은유에 정말 세상을 바꿀 힘이 있을까? 미국의 생명보험 영업사원 벤 펠드만(Ben Feldman)의 사례를 보면 은유가 최소한 한 사람의 인생은 바꿀 만한 힘을 지닌 것으로 보인다.

펠드만은 1912년 뉴욕에서 러시아계 유대인 이민자의 자녀로 태어났다. 그는 16세에 고등학교를 중퇴하고 양계장 사업을 하기 위해 오하이오주로 떠나는 부모를 따라 이주했다. 그는 1942년부터 뉴욕 생명보험 회사에서 영업사원으로 일하기 시작하여 1993년 뇌출혈로 사망할 때까지 50여 년간 영업 현장을 떠나지 않았다. 그는 보험업계 최고의 영업왕으로 칭송받았는데 그의 대표적인 업적을 보면 영업왕이라고 부르지 않을 수 없다. 위키피디아에 의하면 그는 1979년에 이미 세상에서 가장 많은 보험을 판매한 영업왕의 자리에 올랐다. 그는 개인 생애 최다 보험 판매액(15억 달러), 개인 연간 최대 보험 판매액(1억 달러), 개인 하루 최대 판매액(2천만 달러) 부문에서 세계 기록을 보유하고 있다.

이러한 경이로운 실적에 놀란 사람들은 그의 커뮤니케이션 기법에 주목했다. 그는 달변가는 아니었지만, 잠재 고객들과 만나기 전에 항상 적절한 언어 표현을 고심했다고 한다. "나는 매일 멋진 말을 만들려고 노력해요. 담배회사 광고의 카피처럼 멋진 표현을 하려고요." 그는 특히 은유 기법을 즐겨 사용했다. 예를 들어 생명보험의 가치를 설명하기 위해 어쩔 수 없이 잠재 고객의 죽음에 대해 언급해야만 한다. 보험 영업을 위해 상대방의 죽음을 언급한다는 것은 그리 유쾌한 일이 아닐 것이다.

펠드만은 은유적 표현으로 딜레마에서 벗어났다. 그는 삶의 끝자락을 죽음 대신 퇴장이라는 언어로 묘사했다. "당신이 퇴장하면 당신의 생명보험금이 입장합니다"라는 은유적 설명을 들은 잠재 고객은 생명보험의 가치를 단번에 공감했다. 자신이 퇴장해도 생명보험금으로 가족에 대한 도덕적 책임을 다할 수 있다는 설명을 들은 고객들은 고개를 끄덕이면서 보험계약서에 도장을 찍었을 것이다.

펠드만처럼 일반 사람들도 은유를 사용하면 상대방을 쉽게 설득할 수 있을까? 은유의 설득 효과를 메타 분석을 통해 정리한 두 편의 논문을 중심으로 은유가 가지는 설득의 힘을 정리해보자.

먼저 2002년에 소포리(Sopory)와 딜라드(Dillard) 교수 연구팀은 기존의 은유 관련 논문들을 메타 분석한 결과를 학계에 보고했다.[32]

여기에는 1966년 발표된 논문부터 2000년 발표된 논문까지 총 29개의 개별 실험이 포함되었다. 기존 연구물들의 핵심 질문은 은유를 사용한 메시지가 일반 언어를 사용한 메시지보다 설득 효과가 더 높은가 하는 것이었다. 소포리와 딜라드 연구팀의 메타 분석은 확실히 '그렇다'고 대답하고 있다. 은유를 포함하고 있는 설득 메시지가 일반 언어보다 설득 효과가 더 크다는 사실이 메타 분석을 통해 분명하게 발견되었다.

2018년 은유의 설득 효과에 대한 두 번째 메타 분석 논문이 출판되었다. 반 스티(Van Stee) 교수는 최초의 메타 분석 이후 축적된 연구물들에 대한 추가적인 메타 분석 결과를 학계에 보고했다.[33] 2001년부터 2015년 사이에 발표된 은유의 설득 효과에 관한 개별 실험은 총 50개에 이른다. 첫 번째 메타 분석 논문보다 더 많은 개별 실험이 두번째 메타 분석 논문에 포함되었다는 사실은 은유의 설득 효과에 대한 학자들의 관심이 최근에 더 높아지고 있다는 사실을 분명하게 보여준다.

두 번째 메타 분석에서도 은유를 사용한 메시지가 일반 언어를 사용한 메시지보다 설득 효과가 더 높다는 사실이 발견되었다. 더구나 반 스티 교수가 보고한 은유의 설득 효과 지표는 최초의 메타 분석 결과보다 더 높은 수치를 보여주었다. 두 번에 걸친 메타 분석 결과에 따라 설득 메시지에서 은유를 사용하면 분명 설득 효과를 얻을 수 있다.

은유는 항상 효과적인가?

우리에게 잘 알려진 작가 조지 오웰(George Orwell)은 자신의 책 『내가 글을 쓰는 이유(Why I write)』에서 게으른 작가들을 향해 은유의 남용을 경고했다. 남들이 많이 사용하여 널리 알려진 은유를 분별없이 쓰지 말라는 것이다. 그런 은유는 이미 그 빛이 바래 효력이 없다는 말이다. 그렇다면 은유를 어떻게 사용해야 설득 효과를 극대화할 수 있을까? 이번에도 두 차례에 걸친 메타 분석 논문을 통해 실생활에서 은유 사용 지침을 다음과 같이 제시한다.

첫째, 은유는 메시지에서 하나만 사용해야 더 효과가 크다. 메타 분석은 하나의 메시지에서 여러 개의 은유가 사용되면 설득 효과가 떨어진다고 보고하고 있다. 은유의 사용 횟수와 설득 효과는 반비례한다는 것이다. 조지 오웰의 경고처럼 은유는 남용해서는 안 된다. 꼭 필요한 만큼 최소한으로 사용해야 한다.

둘째, 은유는 메시지의 앞부분에서 사용해야 효과가 더 크다. 이것은 은유를 사용하는 시점에 대한 가이드라인을 제공한다. 은유는 메시지 도입부에서 사용될 때 설득 효과가 가장 높고, 본문에서 사용될 때는 설득 효과가 조금 약화되다가 결론에서 사용될 때 최저 수준의 효과를 보인다.

셋째, 은유는 사람들이 타깃에 대한 사전 지식을 가지고 친밀감을 느낄 때 더 큰 설득 효과를 보인다. 은유의 설득 효과는 베이스의 의미가 타깃으로 건너가는 과정을 통해 발생한다고 앞에서 설명했다. 의미의 전이 과정을 촉진하기 위해 대체로 은유의 베이스는 사람들에게 친숙한 대상이 사용된다. 메타 분석은 여기에 더해 은유의 타깃 역시 사람들에게 친숙한 대상을 사용하라고 권유한다. 대중가요에서 '사랑은 일곱 색깔 무지개'라고 말할 때 사람들은 무지개와 사랑 두 개념 모두에 높은 친밀감을 느낄 것이다. 하지만 우리나라 사람들에게 생소한 영국의 스포츠 크리켓에 대해 '크리켓은 일곱 색깔 무지개'라고 말한다면 은유의 설득 효과는 심각하게 약화된다.

넷째, 은유의 베이스에서 타깃으로 전이되는 의미가 새롭게 만들어졌을 때 설득 효과가 더 크게 나타난다. '사랑은 눈물의 씨앗'이라는 대중가요 가사처럼 너무 잘 알려진 은유는 더 이상 은유의 기능을 수행하지 않는다. 반면 '사랑은 롤러코스터'라는 은유는 롤러코스터의 오르락내리락하는 속성을 사랑하면서 경험하는 기쁨과 슬픔의 복잡다단한 감정으로 새롭게 연결하여 더 큰 설득 효과를 낸다. 아리스토텔레스도『수사학』3권 11장에서 "은유는 서로 연관 있으면서도 뻔하지 않은 것에서 가져와야 한다"고 말한다.

다섯째, 시각적 은유는 텍스트 기반 은유보다 설득 효과가 더 크다. 은유는 원래 텍스트를 기반으로 하는 언어적 기교에서 출발했지만 시각적으로 표현되었을 때 설득 효과가 더 크게 나타난다. 따라서 주로 시각적 은유에 의존하는 광고 영역에서 설득 효과가 가장 높게 나타났다. 텍스트 기반 은유도 문자보다 청각적으로 전달될 때 설득 효과가 더 커진다는 사실도 매우 유용한 발견이다.

여섯째, 은유는 공신력이 낮은 사람이 사용할 때 설득 효과가 더 크다. 이미 공신력이 높은 사람은 은유를 사용하여 추가로 얻게 되는 설득 효과가 그리 크지 않았다. 아마도 천장 효과 때문인지도 모른다. 하지만 공신력이 낮은 사람은 은유를 통해 상당한 수준까지 설득 효과를 높일 수 있다고 한다. 자신의 공신력이 낮아서 고민인 사람들이 솔깃해할 만한 내용이다.

05

생생함,
인스타그램의 성공 비결

2015년 9월 2일, 터키의 한 해변에서 익사체로 발견된 시리아 난민 아이 '쿠르디'의 사진은 인류에게 커다란 충격을 주었다. 비극적으로 숨진 쿠르디의 사진은 '인류애가 사라져버렸다'라는 제목을 달고 지구촌으로 빠르게 퍼져나갔다. 이 사진으로 인해 난민 문제를 놓고 서로에게 책임을 떠넘기며 싸우던 국제사회는 크게 변화된 모습을 보였다. 사진이 보도된 지 얼마 지나지 않아 유럽연합(EU)은 구체적인 난민 수용 계획을 발표했다. 독일도 과감한 난민 수용 정책을 발표했다. 난민 수용이라는 이슈와 관련해서 계산기를 두드리며 소극적이었던 유럽 국가들은 왜 이처럼 갑자기 난민 수용에 관한 국가 정책을 혁신적으로 변화시키게 되었을까?

시리아 난민 아이의 경우처럼 한 장의 사진이 세상의 역사를 바꾼 사건은 우리 주위에서 종종 볼 수 있다. 2016년 미국의 시사 주간지 「타임」은 세상을 바꾼, 인류 역사상 가장 영향력 있는 사진 100장을 발표했다. 「타임」이 전 세계 역사학자와 사진 전문가 등의 자문을 통해 선정한 사진 100장 중에는 현대사의 주요 사건들의 상징과도 같은 사진들이 다수 포함됐다. 예를 들어 1972년 베트남전쟁에서 알몸으로 비명을 지르며 달려 나오는 '네이팜탄 소녀'의 사진은 전쟁의 참상을 그 어떤 전쟁 관련 통계 자료보다 효과적으로 전달했다. 그 결과 미국에서 베트남전 반전운동에 불을 붙여 베트남전쟁을 조기에 종식하는 데 크게 이바지했다는 평가를 받았다. 한 장의 사진이 인류의 역사를 바꿀 만큼 엄청난 영향력을 발휘하는 이유는 무엇일까?

세상의 역사를 바꾼 사진들의 공통점이 하나 있다. 고통이나 환희 등 인간 경험의 결정적인 순간을 생생하게 표현하고 있다는 점이다. 이러한 사진에 사람들은 감정적으로 반응하고 공감한다. 그리하여 시리아 난민 수용 문제에 대한 어떠한 논리적 설명보다 시리아 내전으로 인해 비극적으로 숨진 한 아이의 생생한 사진이 더 큰 영향력을 발휘한 것이다. 아리스토텔레스는 『수사학』 3권 11장에서 '생생함'에 대해 이렇게 말하고 있다. "언어의 품격을 얻기 위해서는 사물이 눈앞에 펼쳐지는 것처럼 활동적으로 묘사하는 것이 필요하다."

언어의 품격을 높이는 수식어

2006년 텔레마케팅에 종사하는 한 자매의 사례가 언론에 소개되었다. 박희숙, 박영숙 두 자매가 신한생명 텔레마케팅 영업 부문 보험왕 1, 2위에 나란히 이름을 올렸기 때문이다. 이들은 전해에 자신들의 연봉을 국세청에 1억 원 넘게 신고했다. 지금은 누가 억대 연봉을 받는다는 사실에 놀랄 사람이 별로 없지만, 당시만 해도 연봉 1억 원이면 성공한 사람으로 간주하던 시대여서 뉴스로서 가치가 있었다.

그런데 필자의 관심을 끌었던 인터뷰 내용은 다른 데 있었다. 기자가 이들에게 억대 연봉의 비결을 묻자 흥미로운 대답이 돌아왔다. 보험 상품을 설명할 때 수식어를 풍부하게 섞어 말하면 효과가 있다는 것이다. 예를 들어 '자녀의 각종 위험을 보장한다'고 건조체로 말하면 반응이 별로 없지만 '예쁘고 어린 자녀분의 미래 위험을 빈틈없이 몽땅 보장한다'고 말하면 고객들이 솔깃해한다는 것이었다. 박희숙 씨는 인터뷰 말미에 자신의 영업 비밀을 다음과 같이 털어놓았다. "저는 표현력을 듬뿍 담은 보험 세일즈 문구를 만들어서 노트에 매일매일 적어놓고 밤마다 읽는 연습을 합니다."

텔레마케터 자매가 개인적 경험을 통해 스스로 깨달은 설득의 비결을 설득 커뮤니케이션 학자들은 '생생함 효과(vividness effect)'라고 부른다. 생생함 효과를 분명하게 보여주는 실제 사례를 하나 더 살

퍼보자.

1970년대 미국은 두 차례에 걸쳐 오일쇼크(oil shock)를 겪으면서 심각한 에너지 위기에 시달렸다. 미국 정부는 에너지 절약을 위해 모든 방법을 모색했다. 개인 소유의 주택에 단열재나 문풍지 등을 보강하여 에너지 효율을 높이면 가구당 40%의 난방 에너지를 절약할 수 있다는 보고를 기초로 1978년 미국 정부는 에너지 설비 관련 공기업에 소비자의 주택을 무료로 검사해주도록 요청했다. 훈련받은 검사자가 개인의 주택을 철저히 진단한 다음 에너지 효율을 높일 수 있는 방안을 권고하고, 게다가 공사비를 무이자로 제공하는 파격적인 프로그램을 준비했다. 그런데 문제는 무료 주택 검사에 응한 집주인들은 많았지만, 실제로 공사를 진행한 사람들은 전체의 15%에 불과했다는 점이다.

에너지 보수 공사는 집주인에게도 경제적인 이익이 되는데도 불구하고 왜 거부했을까? 이 의문을 풀기 위해 과학자들이 등장했다. 이들은 공사를 거부한 집주인들과 인터뷰하는 과정에서 대부분이 문 밑의 작은 틈이나 지붕과 천장 사이의 공간에 있는 단열재처럼 눈에 잘 띄지 않는 것들이 에너지 절약에 그처럼 중요하다는 사실을 쉽게 믿지 않는다는 것을 깨달았다. 연구자들은 검사자들에게 집주인 설득 과정에서 더 많은 그래픽과 더 생동감 있는 단어를 사용하라고 요구했다. "당신의 문에 문풍지를 붙이고, 지붕과 천장 사이의 공간에 단열재를 더 채워 넣으면 에너지 비용의 40%를 절약할 수 있습니다"라고 말하는 것이 아니라 다음과 같이 말하라고 검사자들을 훈련했다.

문 주위의 모든 틈새를 보세요. 별로 대단해 보이지 않겠지만 이 문들의 틈새를 모두 더하면 농구공만 한 구멍이 됩니다. 누군가 당신의 거실 벽에 농구공만 한 크기의 구멍을 냈다고 상상해보세요. 그리고 그만한 크기의 구멍으로 얼마나 많은 열이 빠져나가는지 한번 생각해보세요. 벽의 구멍을 막아야겠다는 생각이 안 드시나요? 그것이 문풍지가 하는 일입니다. 그리고 천장과 지붕 사이의 공간에 단열재가 부족합니다. 우리 같은 전문가는 그것을 지붕과 천장 사이가 '벌거벗었다'고 표현합니다. 말하자면 당신의 집이 겨울에 코트를 입지 않은 정도가 아니라, 아무 옷도 입지 않은 것과 같다는 뜻이지요. 당신은 겨울에 당신의 자녀가 아무 옷도 입지 않고 벌거벗고 밖에 나다니게 하지 않겠죠? 당신 집의 천장과 지붕 사이도 마찬가지입니다.

새로운 프로그램은 놀라운 결과를 만들어냈다. 이전에는 무료 검사를 받은 집주인의 15%만이 에너지 보강 공사를 했지만, 생생한 표현으로 재무장한 새 프로그램으로 집주인의 61%가 에너지 보강 공사에 동의했다. 설득 효과가 무려 4배 이상 나타난 것이다. 생생한 표현이 어떻게 엄청난 설득 효과를 냈을까? 집주인들에게 문 주위의 작은 틈새는 사소해 보였겠지만 농구공만 한 크기의 구멍은 대단히 크게 느껴졌다. 단열재의 중요성에 대해서도 집주인들은 크게 신경 쓰지 않았겠지만, 겨울에 벌거벗고 있는 것과 같다는 생생한 표현은 주의를 끌고 공감을 만들어냈다.

생생함 효과에 대한 설득 커뮤니케이션 학자들의 연구는 1970년대부터 시작되었지만, 기존의 연구 결과는 일관된 모습을 보여주지 않았다. 연구자들은 생생한 표현이 설득 효과를 높이기도 하고, 방해가 되기도 하고, 혹은 아무런 효과가 없기도 하다고 보고했다. 이런 경우가 메타 분석이 절실히 요구되는 최적의 타이밍이다.

인스타그램의 설득적 언어

2016년에 프랑스의 두 학자가 생생함의 설득 효과에 대한 메타 분석 결과를 학계에 보고했다.[34] 그들의 메타 분석에는 1976년에 출판된 연구 결과부터 2015년에 출판된 연구 결과까지 40여 년에 걸친 생생함의 설득 효과 관련 모든 논문이 포함되었다. 블롱데(Blonde)와 지랑돌라(Girandola) 교수 연구팀은 생생함의 설득 효과를 다룬 기존 43개의 실험 결과를 메타 분석한 다음 생생함의 설득 효과는 의심의 여지가 없다고 단언했다. 생생하게 전달된 설득 메시지는 그렇지 않은 것보다 훨씬 더 긍정적인 태도와 행동을 끌어냈다.

연구팀은 생생함의 설득 효과를 '주의(attention)'와 '기억(memory)'이라는 심리학 개념을 통해 이론적으로 설명하고 있다. 생생하게 전달된 자극물은 사람들의 주의를 집중하게 만들어서 기억에 도움을 준다는 것이다. 프랑스 연구팀의 메타 분석은 설득 메시지에 대한 기억이 높을수록 태도와 행동 의도에 대한 생생함 효과가 더 커진다고 보고하고 있다.

주의는 본질적으로 선택성을 띤다. '주의를 기울이다'는 뜻의 영어 표현은 'pay attention'이다. 주의를 집중하기 위해서는 대가를 치러야 한다는 뜻이다. 인간의 의식은 한 번에 하나의 대상만을 처리할 수 있다고 한다. 그 과정에서 나머지 모든 대상은 희생되기 마련이다. 우리는 책을 읽으면서 동시에 음악을 들을 수 있다고 생각하지만 실제로는 그렇지 않다. 책에 깊이 빠지면 음악 소리가 들리지 않고, 반대로 책이 지루해지면 음악 소리가 더 뚜렷이 들린다. 책을 읽다가도 밖에서 지나가는 구급차의 사이렌 소리가 들리면 책에 계속 집중하기 힘들다.

이처럼 주의는 자극물 간의 경쟁을 통한 선택성에 의해 결정된다. 아리스토텔레스도 현대 심리학에서 말하는 '주의'의 개념을 인지하고 있었던 것으로 보인다. 그는 『니코마코스 윤리학』에서 생생하게 전달된 자극물은 다른 자극물과의 경쟁 과정에서 선택되어 우리의 주의를 끌게 된다고 말한다. 주의를 집중하면 기억이 향상되고, 설득 효과가 뒤따라온다는 것이다.

근대 심리학의 창시자라고 일컬어지는 윌리엄 제임스(William James)는 생생한 표현과 주의의 관계에 대해 다음과 같이 말했다. "우리는 세상을 경험할 때 사물이 얼마만큼의 생생함을 지녔는지에 비례하여 우리의 관심과 주의를 집중합니다. 그리고 우리가 주의를 집중했던 생생한 것을 우리가 가장 잘 기억하게 된다는 사실도 널리 알려져 있습니다."

한편 연구팀은 생생함 효과에 대한 기존 연구 결과가 왜 일관성을 보이지 않았는가를 메타 분석 과정을 통해 알아차렸다. "유리가 땅에 떨어져 깨졌습니다"라는 표현보다 "유리가 땅에 떨어져 박살이 나 산산조각으로 깨졌습니다"라는 표현이 더 생생하다는 데 동의하지 않을 사람은 없을 것이다. 하지만 실험 연구에서 생생한 자극물을 만들어내는 구체적인 방법은 개별 연구자마다 제각각이었다. 기존 연구에서는 총 12개의 방법이 생생한 자극물을 만드는 도구로 보고되었다. 이러한 방법의 차이에 따라 기존 연구 성과가 요약하기 힘들 정도로 들쭉날쭉했다는 것이 프랑스 연구팀의 주장이다.

설득 커뮤니케이션 학자들은 생생한 표현을 만들어내는 구체적인 방법을 알려준다. 첫째, 그림을 포함하는 메시지가 그렇지 않은 메시지보다 더 생생하다. 둘째, 같은 그림이라도 구상화가 추상화보다 더 생생하다. 셋째, 언어적 표현에서도 수식어를 많이 포함한 메시지가 추상적인 개념을 많이 포함한 메시지보다 더 생생하다. 넷째, 내러티브는 통계 수치보다 더 생생하다. 다섯째, 증언

(testimonial)은 일반 정보보다 더 생생하다. 생생한 표현이 설득 효과로 이어지기 위해서는 사람들이 어떠한 자극물을 생생한 것으로 간주하고 있는가에 대해 먼저 심사숙고해볼 일이다.

생생함의 설득 효과를 가장 잘 이용하고 있는 소셜 미디어가 바로 인스타그램이다. 국내외 여행지에서 자신만의 특별한 경험을 담은 사진들은 현장의 분위기를 생생하게 전달한다. 인스타그램 이용자들은 이러한 생생한 사진을 통해 대리만족을 느낀다. 인스타그램에 업로드된 사진들은 방문자들을 유혹하기 위해 '생생한 표현'의 무한경쟁을 벌이고 있는지도 모른다. 위대한 사진작가가 아니더라도 누구든 현대인의 필수품인 디지털카메라로 사진을 찍어서 인스타그램에 업로드하면 '인플루언서'가 될 수 있는 세상이다. 생생한 사진들로 인해 인스타그램은 우리나라 사람들이 가장 오래 사용하는 SNS 앱으로 자리매김했다.

사람들은 야채나 과일을 사거나 생선 가게에서 생선을 고를 때도 '싱싱한' 것을 찾는다. '싱싱함'은 구매 선택의 핵심 기준이다. 설득 메시지를 위한 최적의 언어(인스타그램처럼 시각적 언어를 포함해서)를 선택하는 과정에서도 '싱싱함'은 설득 효과를 보장하는 핵심 기준이다. 다만 언어를 선택할 때는 '싱싱한'이란 말 대신 '생생한'이라는 말을 사용한다는 차이점이 있을 뿐이다.

06
메시지 반복, 무의식적인 설득 효과

〈보고 또 보고〉라는 일일 드라마가 있었다. 우리나라 일일 연속극 사상 최고의 시청률인 57.3%를 기록한 이 드라마는 내용도 재미있었지만 무엇보다 제목이 좋았다. 〈보고 또 보고〉라는 제목은 반복의 중요성을 일깨워준다. 실제로 반복은 중요한 수사 표현 기교 중의 하나다. 동일한 단어나 구절, 혹은 문장을 반복하는 수사학적 사례는 차고 넘친다.

정치인들은 반복 효과를 오래전부터 인지하고 있는 것처럼 보인다. 예를 들어 나폴레옹은 수사적 기교에서 단 한 가지 유용한 것은 반복이라고 말했다. 반복하면 마음에 싹을 틔워 나중에는 그 싹이 증명된 진실로 크게 자란다는 것이다.

혹인 인권 운동 지도자였던 마틴 루터 킹 목사도 반복의 중요성을 알고 있었다. 그의 유명한 '나에게는 꿈이 있습니다(I have a dream)'라는 연설은 매 문단마다 '나에게는 꿈이 있습니다'라는 동일한 표현으로 시작한다. 아리스토텔레스도『수사학』3권 12장에서 반복해서 표현해야 행동이 만들어진다고 주장하며 반복의 중요성에 대해 이렇게 말하고 있다. "반복이 문구들에 더해지지 않으면 흔히 속담에서 말하듯이 '행동은 들보를 짊어진 사람의 발걸음처럼' 둔해지기 때문이다."

반복은 선전(propaganda)의 목적을 위해서도 다양하게 이용되고 있다. 독재자 히틀러는 "슬로건을 지속적으로 반복하여 최후의 일인까지 슬로건의 의미를 받아들이게 하라"는 말을 통해 정치 선전에서 반복의 중요성을 강조했다. 히틀러의 선전상이었던 요제프 괴벨스도 "대중은 가장 친숙한 정보를 진실이라고 믿는다"고 말했다. 미국의 전 대통령 도널드 트럼프는 2016년 선거 기간 동안 '미국과 멕시코의 국경을 분리하는 벽을 쌓는 작업이 이미 시작되었다'는 거짓 정보를 무려 86회나 반복해서 주장했다고 한다. 동일한 주장을 반복해서 듣게 된 사람들은 트럼프의 거짓 정보가 사실이라고 믿었을 것이다.

설득 커뮤니케이션 학자들은 메시지 반복(message repetition)이 설득 과정에서 어떤 역할을 하는지 파악하기 위해 오래전부터 이 주제에 관심을 집중해왔다. 2개의 이론이 메시지 반복 효과를 자세히 설명하고 있다. 메시지의 반복이 친밀성을 통해 호감을 만들어낸다는 것(단순 노출 효과)과 메시지의 내용이 진실이라고 믿게 된다는 것(착각 진실 효과)이다. 먼저 착각 진실 효과에 대해 살펴보자.

거짓말도 진실로 둔갑하는 초간단 설득법

아리스토텔레스는 『수사학』 첫 문장을 '수사학은 변증법의 상대역이다'라는 말로 시작한다. 이 짧은 선언은 수사학의 정체성에 대해 많은 의미를 함축하고 있다. 그의 스승 플라톤은 수사학을 이를테면 건강에 이바지하는 의학이 아니라 의학을 사칭하는 요리술과 같다고 비하했다. 하지만 아리스토텔레스는 수사학을 변증법과 나란히 두어 학문으로서 위상을 높이면서도 변증법과 다르다는 사실을 명확히 밝히고 있다. 수사학은 변증법처럼 주장의 참과 거짓을 다루는 것이 아니라 참일 개연성이 있는 주장을 대상으로 한다. 달리 표현하면 수사학은 주장의 사실 여부가 아니라 주장의 타당함을 다루는 학문이다. 이런 배경에서 메시지 반복은 화자의 주장이 타당해 보이게 만드는 매우 유용한 도구이다.

착각 진실 효과(the illusory truth effect)는 반복 노출 이후에 주어진 정보를 진실로 믿게 되는 경향을 지칭한다. 위키피디아에 의하면 최초의 착각 진실 효과 연구는 하셔(Hasher) 교수 연구팀에 의해

1977년에 수행되었다.[35] 어떤 정보가 참 또는 거짓인가를 판단할 때 사람들은 2가지 기준을 사용한다고 한다. 첫째는 내용의 논리성(rationality)이다. 판단의 대상이 되는 정보가 기존에 사람들이 참이라고 믿고 있는 지식 체계에 부합하면 사람들은 그 정보를 참이라고 판단한다. 둘째는 절차 유창성(processing fluency)이다. 정보가 이미지나 영상의 형태로 전달되거나, 반복으로 인해 주어진 정보를 처리하는 절차에 익숙해진 경우에도 내용을 이해하기가 쉽다. 이처럼 어떤 정보가 쉽게(다른 말로 유창하게) 처리되면 사람들은 그 정보를 참이라고 판단하게 된다. 예를 들어 다음에 제시된 3개의 정보를 살펴보자.

A: 사람들은 자기 뇌 용량의 10%만 사용하고 있다.
B: 당근을 먹으면 시력이 좋아진다.
C: 비타민 C는 감기 치료에 효과적이다.

3가지 명제 중에 참된 정보는 어떤 것일까? 독자들이 놀랄지도 모르겠지만 3가지 모두 거짓이다. 그런데도 최근 연구 보고에 의하면 영국 교사들의 48%가 '사람들은 자기 뇌 용량의 10%만 사용하고 있다'는 정보가 참이라고 판단했다고 한다. 그렇다면 왜 사람들은 거짓 정보를 참이라고 믿는 것일까? 착각 진실 효과는 질문에 대한 명확한 답을 제시한다.

1977년 하서 연구팀은 대학생을 대상으로 2주일 간격을 두고 세 차례 실험 연구를 진행했다. 대학생들은 위의 예시와 유사한 60개 항목에 대해 참과 거짓을 판단하도록 요청받았다. 60개 명제 중에 20개는 3회의 실험에서 동일하게 제시되었고, 나머지 40개는 매회 다른 명제가 제시되었다. 대학생들에게 제시된 명제들은 참과 거짓을 판단하기 어려운 것이었다(예를 들어 '농구가 처음으로 올림픽 경기에 포함된 해는 1925년이었다'). 대학생들은 60개 명제가 참인지 거짓인지 판단하고 얼마나 확신하는지를 7점 척도에 표기하도록 요청받았다.

연구자의 보고에 의하면 3회에 걸친 실험에서 반복적으로 제시된 20개 명제에 대한 확신 판단은 반복 횟수에 비례하여 상승했다. 즉, 1회 차보다는 2회 차, 2회 차보다 3회 차의 실험에서 확신 판단 수치가 더 높았다. 반면 매번 다르게 제시된 40개 명제에 대한 확신 판단은 세 차례의 실험에서 전혀 차이를 보이지 않았다. 이러한 결과를 근거로 연구자들은 메시지를 반복하면 절차 유창성에 의해 진실로 판단될 가능성이 더 커진다고 보고했다. 착각 진실 효과에 대한 두 편의 최근 연구는 메시지 반복 효과가 생각보다 크다는 것을 분명하게 보여준다.

진실이 흔들리는 순간

착각 진실 효과에 대한 최초의 논문 이후 연구자들은 은연중에 사람들이 참과 거짓을 쉽게 분별할 수 없는 애매모호한 명제의 경우에만 이 효과가 발생할 것이라고 믿었다. 그런데 2015년 파지오(Fazio) 교수 연구팀에 의해 수행된 실험은 그러한 믿음을 송두리째 흔들어 놓았다.[36] 파지오 연구팀은 착각 진실 효과를 내는 2가지 조건 중 어느 쪽의 영향력이 더 큰지를 테스트했다. 연구자들은 예를 들어 '지구에서 가장 큰 바다는 대서양이다'라는 정보가 거짓임을 아는 사람들은 아무리 앞의 정보가 반복되어도 흔들리지 않고 거짓이라고 믿을 것이라고 기대했다. 사람들의 기존 지식이 절차 유창성의 방패 역할을 해주리라는 것이었다. 하지만 파지오 연구팀의 실험 결과는 그들의 믿음이 전혀 근거 없음을 분명하게 보여주었다.

두 차례의 실험 결과에 따라 파지오 연구팀은 사람들이 어떤 정보가 거짓임을 알고 있더라도 반복해서 제시되면 나중에는 그 정보를 참이라고 믿게 된다고 경고했다. 주어진 정보가 거짓이라는 것을 알고 있더라도 반복에 의해 절차 유창성의 조건이 확보되면 기존의 지식은 무용지물이 된다. 다시 말해 논리성과 절차 유창성이 동시에 존재할 경우 사람들은 논리성 대신 절차 유창성 조건에 전적으로 의존한다는 주장이다. 파지오 연구팀은 절차 유창성이 논리성을 압도하는 현상을 설명하기 위해 '지식 방치(knowledge neglect)'라는 새로운 전문 용어를 만들어냈다.

한편 하산(Hassan)과 바버(Barber) 교수 연구팀에 의해 보고된 2021년의 연구 결과는 착각 진실 효과에 대해 2가지 추가적인 정보를 제공하고 있다.[37] 기존의 착각 진실 효과 연구가 3회 정도의 반복 효과를 측정한 것에 착안하여 연구팀은 1차 실험에서는 9회 반복 효과, 2차 실험에서는 27회 반복 효과를 측정하여 반복 효과의 한계를 실험했다. 두 차례 실험 결과 9회, 심지어 27회 반복으로도 착각 진실 효과가 여전히 유효하다는 사실이 밝혀졌다. 또한 반복에 비례하는 확신 판단의 강도는 2회 반복에서 가장 크게 나타났다가 이후에는 점차 줄어든다는 사실도 보고되었다. 한 번만 반복해도 착각 진실 효과가 나타나지만 반복 횟수가 증가할수록 점차 줄어든다는 것이다.

볼수록 친숙해지는 효과

마케팅 분야에 종사하는 사람들은 메시지 반복의 중요성을 확실하게 인지하고 있다. 한 설득 커뮤니케이션 교과서에 실려 있는 에피소드를 함께 살펴보자. 미국의 노스웨스트 상호생명보험 회사는 자사의 브랜드 친숙도를 알아보기 위해 전국적인 조사를 실시했다. 조사 결과 이 회사는 미국 내 보험 회사 가운데 34위를 차지했다. 이 결과에 실망한 경영진들은 100만 달러가 넘는 비용을 들여 2주간에 걸쳐 광범위하게 TV 광고를 내보냈다. 이후 실시된 조사에서 이 회사의 브랜드 친숙도는 무려 3위까지 급상승했다.

마케팅의 한 영역인 광고는 기본적으로 메시지 반복을 디폴트로 하고 있다. 엄청난 비용을 들여 제작한 광고를 한 차례만 내보내는 경우는 없다. 그렇다면 광고를 몇 번 반복해야 최상의 결과를 얻을 수 있을까? 이 질문에 답하기 위해 광고 학자들과 광고 실무자들은 오랫동안 고민해왔다. 광고에서 메시지 반복 효과는 단순 노출 이론(mere exposure theory)에 의해 그 정당성을 부여받고 있다.

1968년 자이온(Zajonc) 교수는 매우 흥미로운 연구 결과를 보고했다.[38] 3회에 걸친 실험을 통해 자이온 교수는 '무의미한 단어,' '외국어,' '인물 사진'을 반복 제시하면 자극물에 대한 태도가 호의적으로 변한다는 사실을 발견했다. 그는 이러한 현상을 설명하기 위해 '단순 노출 효과(mere exposure effect)'라는 신조어를 만들었다. 조금 더 자세히 설명하면, 자이온 교수는 '외국어' 반복 효과를 테스트하기 위해 미국 대학생들에게 생소할 것으로 여겨지는 중국어 한자를 사용했다. 각각 0, 1, 2, 5, 10, 25회 반복한 결과 횟수가 증가할수록 중국어 한자에 대한 호감도가 더 높아졌다.

자이온 교수의 선구적인 연구 이후 단순 노출 효과에 대한 논문은 2016년 기준 400편이 넘게 발표되었다. 그중 광고의 반복 효과에 대한 논문도 적지 않았다. 2015년에는 광고의 반복 효과에 관한 기존의 연구 결과를 메타 분석한 논문이 독일의 학자들에 의해 보고되었다.[39] 광고의 반복 효과에 대한 기존 300개 이상의 개별 실험 결과를 메타 분석한 결과 역 U자 모습으로 나타났다고 한다.

이러한 반복 효과는 기존의 '2가지 요인 이론(two factor theory)'에 정확하게 부합된다. 처음에는 메시지 반복으로 인한 친밀성의 영향으로 브랜드에 호의적인 태도가 형성되다가 친밀성의 효과가 정점에 이른 다음에는 메시지 반복이 지루함으로 지각되면서 부정적인 태도로 바뀐다는 설명이다. 연구팀은 이러한 교차점이 10회 반복에서 발견되었다고 보고하고 있다. 독일 연구팀의 메타 분석은 광고 실무자에게 광고를 최소한 10회 정도 반복해도 괜찮다는 학술적인 근거를 제시한 셈이다.

메타 분석 연구는 소비자가 저관여 상태일 때 광고의 반복이 최상의 결과를 낳는다는 사실도 추가로 밝혀냈다. 소비자가 구매 의사 결정에 크게 신경 쓰지 않는 제품의 경우에는 광고의 반복 효과가 더욱 크게 나타난다는 것이다. 착각 진실 효과 연구자들도 사람들이 피곤하거나 정신이 산만한 상태에서 효과가 가장 크게 나타난다고 말하고 있다. 그러므로 아무리 피곤해도 메시지가 반복되면 정신을 바짝 차려야 한다. 그렇지 않으면 자기도 모르는 사이 반복되는 메시지가 더욱 친밀하게 느껴지고 그로 인해 진실된 메시지라고 판단할 것이다.

유튜브의 설득 알고리즘

인터넷 시대의 '반향실 효과(echo chamber effect)'도 메시지 반복 효과의 일종으로 해석할 수 있다. 인터넷으로 정보에 대한 자유로운 접근과 공유가 가능해지면서 커뮤니케이션 학자들은 다양한 의견이 존중받는 세상이 올 것으로 기대했다. 하지만 결과는 정반대였다. 사람들은 자신과 생각이나 신념이 비슷한 사람끼리만 어울렸다. 정보의 선택권을 갖게 된 사람들은 자신과 같은 견해를 가진 사람들하고만 소통하면서 기존의 신념을 더욱 강화하고 증폭했다. 자기 메아리만 가득 찬 반향실 속에서 다른 목소리는 들리지 않았다.

자신과 같은 의견만 반복해서 듣게 된 사람들은 자연스럽게 '확증 편향(confirmation bias)'의 희생자가 된다. 확증 편향은 자신이 가지고 있는 생각이나 신념에 대한 근거 없는 과신 현상을 지칭한다. 사람들은 진실을 믿기보다는 자신이 믿는 것이 진실이 되기를 바란다. 그러기에 자신이 보고 싶은 것만 보고, 듣고 싶은 것만 듣는 것이다. 자신의 신념과 일치하는 메시지에 반복 노출되면 자기 확증에 대한 바람은 객관적인 사실로 신분 상승하게 된다는 사실을 잊어서는 안 된다.

21세기의 대표적인 커뮤니케이션 매체인 유튜브도 메시지 반복의 도구 역할을 충실히 수행하고 있다. 유튜브는 친절하게도 시청자가 원하는 영상을 알고리즘을 통해 자동으로 제공한다. '알고리즘'이란 인공지능이 시청자의 검색 기록이나 동영상 조회 패턴을 분석하여 각 개인의 취향에 맞는 동영상을 제공하는 규칙이나 시스템을 말한다. 결과적으로 사람들은 비슷한 내용의 콘텐츠만을 반복적으로 소비하게 된다. 커뮤니케이션 학자들은 유튜브 알고리즘이 가짜 뉴스와 확증 편향이라는 부작용을 낳고 있음을 경고하고 있다.

07
반박할 수 없는
메시지 전달법

설득의 현장은 다양한 의견들이 경합하는 곳이다. 반쯤 물이 차 있는 컵을 보고 누군가는 물이 반밖에 없다고, 누군가는 물이 반이나 남았다고 말한다. 동일한 사물을 보고도 사람들의 견해는 다를 수 있다.

독백(monologue)과 대화(dialogue)의 차이는 뭘까? 대화에는 나와 다른 관점을 가진 상대방이 있다는 점이다. 그렇다면 자신의 설득 메시지를 구성할 때 타인의 다른 관점을 얼마만큼 포함해야 가장 좋은 결과를 가져올까? 메시지 측면성(message sidedness)이라는 개념은 이 질문에 대한 유용한 답을 제공한다. 메시지 측면성은 화자가 자신과 다른 타인의 관점을 얼마나 인지하고 있으며 더 나아가서 그러한 관점의 차이에 대해 어떻게 반박하는가를 지칭하는 개념이다.

아리스토텔레스는 "사람들의 의견은 서로 부딪힐 수밖에 없으므로 상대방의 주장에 대한 반박은 수사학에서 피할 수 없는 과정"이라고 말했다. 『수사학』 2권 25장은 반박에 관해 장황하게 설명하고 있다. 아리스토텔레스는 반박이 수사학의 핵심 개념인 약식삼단논법(enthymeme)에 속하지는 않지만, 매우 중요한 개념이라는 점을 분명하게 밝혔다. 반론을 제기하는 목적은 상대방의 주장이 논리적이지 않거나 잘못된 가정(assumption)에 기초하고 있음을 증명하는 것이기 때문이다.

수사학에서 말하는 반론 제기를 위한 4가지 방법은 다음과 같다. 첫째, 상대방의 주장을 직접 공격한다. 둘째, 상대방의 주장과 정반대의 주장을 반론의 근거로 제시한다. 셋째, 상대방의 주장과 비슷한 주장을 반론의 근거로 제시한다. 넷째, 사람들에게 잘 알려진 과거의 결정 사항을 반론의 근거로 제시한다. 이처럼 반박은 고대 그리스 시대부터 수사학의 주요 주제 중 하나였고, 현대 과학은 그 맥을 이어 메시지 측면성이라는 유용한 개념을 만들어냈다.

자신의 약점부터 먼저 던져라

자신의 관점을 지지하는 주장으로만 구성된 메시지를 일면 메시지라고 부른다. 일면 메시지는 자신의 입장과 관련된 어떠한 부정적인 문제점도 언급하거나 인정하지 않는다. 또한 부정적인 측면을 공격할 수 있는 어떠한 반론 가능성도 무시한 채 일방적으로 특정 입장의 장점만을 제시한다. 대부분의 광고 카피는 일면 메시지 형태를 띠고 있다. 예를 들어 2013년 집행된 유한락스 광고는 자사 제품의 강력한 살균력만을 일방적으로 제시한다.

세상의 나쁜 것들로부터
건강하게 지켜주고 싶어서
99.9% 살균 청소
마음 청소 유한락스

이처럼 대부분의 광고는 자사 제품이나 서비스의 우수한 측면만을 일방적으로 제시한다. 반면 양면 메시지(two-sided message)는 자신의 입장에 우호적인 주장뿐 아니라 반대하는 입장도 언급한다. 소비자들은 유한락스를 사용할 때 나는 냄새에 매우 불쾌한 반응을 보였으며 독성이 너무 강한 것이 아닌가 하는 의구심을 갖고 있었다. 이러한 사실을 파악한 유한락스는 2015년 광고에서는 양면 메시지 형태로 광고 전략을 전환했다. 자사 제품의 약점과 관련된 질문에 답하는 방식이었다.

별 냄새 없는데? 이게 뭐예요?

유한락스의 진실, 유한락스의 냄새는

살균할 때 나타나는 현상입니다.

생활에 안심을 더하다 유한락스.

과일이나 채소를 씻어봅시다.

너무 독하지 않을까요?

아직 모르세요?

유한락스는 정말 안전하고

계면활성화제도 전혀 들어 있지 않아요.

고대 그리스의 철학자 프로타고라스(Protagoras)는 모든 이슈에는 양면이 있다고 믿었다. 그는 어떤 이슈에 대해 양면을 모두 알면 설득이 자연스럽게 이루어진다고 생각했다. 아리스토텔레스도 양면 메시지가 더 바람직하다는 프로타고라스의 생각에 동의했다. 아리스토텔레스는 『수사학』에서 이렇게 말하고 있다.

스피치의 한 형태로서 양면 메시지는 만족스럽다. 왜냐하면 특히 그들이 나란히 제시되었을 때, 대비되는 아이디어들의 의미가 쉽게 느껴지기 때문이다. 그리고 논리적인 주장의 효과를 주기 때문에 그렇다. 서로 상반되는 2가지의 결론을 나란히 내놓음으로써 그들 중 하나가 잘못되었다는 것을 증명할 수 있다.

저널리스트 월터 리프먼(Walter Lippman)도 민주주의에서 반대 견해는 필수불가결하다고 주장했다. 그는 고대 그리스인처럼 하나의 이슈에 대해 다양한 입장을 듣는 것만이 진실을 찾아내는 가장 좋은 방법이라고 믿었다.

『설득의 심리학』으로 유명한 치알디니 교수의 최근 저서『초전 설득』도 양면 메시지의 높은 설득 효과를 3가지 근거를 들어서 설명했다. 첫째, 법정에서 상대방 변호사가 지적하기 전에 자기 쪽 문제점을 먼저 시인하는 변호사가 재판부에 더 정직하게 보이며 재판에서 더 많이 이긴다. 둘째, 정치 선거에서 상대방을 긍정하는 말로 유세를 시작하는 후보자가 더 높은 신뢰와 표심을 얻는다. 셋째, 광고 메시지에서 강점을 강조하기 전에 약점을 인정하는 업체들의 판매량이 크게 증가한다. 치알디니 교수의 주장에 따르면, 자신에게 유리하고 긍정적인 주장들을 먼저 설명한 다음 문제점을 언급하는 방식보다 자신의 약점이나 문제점부터 미리 말하는 것이 즉각적으로 청중의 신뢰를 얻음으로써 설득 효과를 낸다는 것이다.

일반적으로 상대방의 신뢰를 얻기까지는 적지 않은 시간이 필요하다는 것이 설득 전문가들의 주장이지만 자신의 약점부터 먼저 시인하면 예외적으로 즉각적인 신뢰성을 확보할 수 있다는 주장은 매우 매력적으로 다가온다. 영업사원이 이렇게 말하면 고객은 어떻게 반응할까? "저희 제품은 설치 비용이 저렴하지 않습니다. 하지만 저희 제품의 우수한 효율성은 그 비용을 빠르게 만회할 것입니다."

영국의 엘리자베스 1세 여왕은 이 전략을 사용하여 두 번이나 정치적 위기를 벗어날 수 있었다. 스페인의 공격을 앞두고 자국의 군인들을 향해 여왕은 다음과 같이 연설했다. "내가 힘없고 연약한 여자의 몸을 가진 것을 압니다. 그러나 나는 왕의 심장을 가졌으며 영국의 왕위도 가졌습니다." 이 연설을 들은 군인들은 여왕의 전투 능력에 대한 리더십 의혹을 분명하게 떨쳐버릴 수 있었다. 스페인과 전쟁을 치른 지 13년 후 여왕은 양면 메시지를 다시 한 번 사용했다. 자신의 정치적 능력을 의심하는 의회 의원들을 향해 여왕은 이렇게 말했다. "그대들이 지금껏 모셔온, 혹은 앞으로 모실, 나보다 더 위대하고 현명한 왕자들이 많을 것이다. 하지만 그중에 나보다 더 그대들을 사랑하는 이는 없을 것이다." 여왕의 연설을 들은 많은 의원들이 감동의 눈물과 함께 마음을 바꿔 여왕에 대한 지지를 맹세했다.

약점을 극복하는 설득 메시지

그렇다면 일반 대중은 메시지 측면성에 어떻게 반응할까? 설득 커뮤니케이션 학자들은 과학적인 방법으로 일면 메시지와 양면 메시지의 효과를 비교했다. 메시지 측면성에 대한 최초의 논문은 호브랜드(Hovland) 교수 연구팀에 의해 1949년에 보고되었다. 연구에 의하면, 사전에 설득하는 사람의 입장에 동의하는 사람에게는 일면 메시지, 반대하는 사람에게는 양면 메시지가 효과적이었다. 또한 설득 대상자의 교육 수준이 높을수록(호브랜드 연구팀은 고등학교 교육을 받은 사람은 교육 수준이 높은 것으로 간주했다) 양면 메시지가 일면 메시지보다 더 효과적이라는 것을 알게 되었다.

호브랜드 교수팀의 선구적인 연구 이후 설득 커뮤니케이션 학자들은 메시지 측면성의 효과를 검증하는 다양한 후속 연구를 진행했다. 21세기가 되기 전에 벌써 100개 이상의 개별 실험이 존재할 만큼 양적으로는 빠르게 성장했지만 연구 결과는 제각각이었다. 어떤 논문은 일면 메시지, 어떤 논문은 양면 메시지가 더 효과적이라고 보고했고, 일면 메시지와 양면 메시지의 차이가 발견되지 않은 경우도 적지 않았다. 기존 연구의 불일치성을 해소하기 위해 메타 분석이 절실히 필요했다.

메시지 측면성에 대한 메타 분석은 앨런(Allen, 1991, 1998) 교수에 의해 두 차례, 그리고 오키프(O'Keefe, 1999) 교수에 의해 한 차례 수행되었다. 세 차례에 걸친 메타 분석으로 양면 메시지를 만드는 방법이 연구자에 따라 천차만별임을 발견했다. 메타 분석 연구자들은 양면 메시지를 논박형 양면 메시지(refutational two-sided message)와 비논박형 양면 메시지(nonrefutational two-sided message)로 구별했다.

비논박형 양면 메시지는 설득자의 입장에 반대하는 관점이 존재함을 인정만 할 뿐 반대되는 관점을 극복하려는 아무런 논박을 포함하지 않은 메시지를 말한다. 예를 들어 다음과 같은 메리츠화재의 광고 카피는 비논박형 양면 메시지의 사례라고 볼 수 있다.

> 보험은 어렵습니다.
> 보험은 골치 아픕니다.
> 보험은 복잡합니다.
> 그런데 보험은 필요합니다.
> 그래서 메리츠화재가 즐거운 보험을 시작합니다.

이 광고는 사람들에게 보험이 어렵고, 골치 아프고, 복잡하다는 사실을 인정하고 있다. 논박형 양면 메시지라면 이어서 반론을 제시한 다음 그럼에도 불구하고 보험은 필요한 것이라고 강조하지만, 이 광고는 그러한 과정을 생략한 채 곧바로 보험이 필요하다는 주장으로 넘어간다. 보험의 부정적인 측면과 긍정적인 측면이 모두 포함되었지만, 부정적인 측면에 대한 구체적인 논박이 생략된 것이다.

반면 논박형 양면 메시지의 대표적인 사례로 국내 대부업체 러쉬앤캐시의 광고를 살펴보자. 광고는 두 사람의 대화로 진행된다. 먼저 여자가 "거기 이자 비싸지 않니?"라고 러쉬앤캐시의 단점인 높은 이자율을 언급한다. 여자의 질문에 남자는 이렇게 대답한다. "버

스랑 지하철만 탈 수 있나? 바쁠 땐 택시도 타는 거지." 다시 여자가
묻는다. "조금 비싼 대신 편하고 안심되는 거?" 이어서 광고는 "좋은
서비스란 그런 거 아닐까?"라는 남자의 말로 끝난다. 높은 이자율이
라는 문제점을 미리 제시한 후 편리한 서비스라는 반론으로 역공격
하는 논박형 양면 메시지 전략이다.

　외국 광고에서도 논박형 양면 메시지는 어렵지 않게 찾아볼 수 있
다. 예를 들어 하인즈 케첩은 광고 첫머리에서 자신의 제품이 병에
서 천천히 나오는 약점을 고스란히 인정한다. 하지만 이어지는 논
박형 양면 메시지를 통해 훌륭하게 반론을 제기한다.

　　아직도 저희 제품은 동네에서 가장 느린 케첩입니다.
　　그 이유는 저희 제품이 가장 실속 있고 걸쭉한 내용물을 갖고
　있기 때문이지요.
　　좋은 제품은 기다릴 만한 충분한 가치가 있습니다.

　앨런 교수 연구팀에 의한 최초의 메타 분석 논문은 논박형 양면
메시지, 비논박형 양면 메시지, 그리고 일면 메시지의 설득 효과를
비교 분석했다.[40] 그 결과 논박형 양면 메시지는 일면 메시지에 비
해 20% 정도 설득 효과가 더 크다는 사실을 발견했다. 동시에 일면
메시지는 비논박형 양면 메시지에 비해 역시 20%가량 설득 효과가
더 컸다. 이러한 결과는 오키프 교수에 의해 보고된 별도의 메타 분

석 결과와 그리 다르지 않다. 메타 분석 연구자들의 결론은 한결같이 논박형 양면 메시지의 탁월한 설득 효과를 증명하고 있다.

양면 메시지의 형태를 취하더라도 상대방의 관점을 논박하지 않고 그저 상대방의 관점만 보여주는 비논박형 양면 메시지가 일면 메시지보다 설득 효과가 낮다는 메타 분석 결과는 많은 것을 시사한다. 메리츠화재 광고의 경우 소비자의 일반적인 반응은 심리학의 기본 원칙 중 하나인 부정 편향(negativity bias)에 의해 보험의 부정적인 측면에 더 집중한 결과 설득 효과가 약화될 수 있다. 양면 메시지를 사용하더라도 자신의 약점을 뛰어넘을 만큼 충분히 상대방의 관점을 논박하지 못한다면 오히려 긁어 부스럼이 될 뿐이다. 이런 경우에는 자신에게 유리한 주장만 하는 일면 메시지가 오히려 더 현명한 선택이다. 설득 메시지를 구성할 때는 메시지 측면성의 개념을 신중하게 고려해야 한다.

08
기승전, 그리고 결론은 명확할수록 좋다

글쓰기 수업에서는 글을 쓸 때 서론-본론-결론 혹은 기승전결의 구조를 갖추라고 가르친다. 지금은 당연한 것으로 여겨지는 이러한 원칙이 만들어진 배경에는 수사학의 기원에 대한 역사적 사건이 숨겨져 있다.

기원전 465년 트라시불루스(Thrasybulus)가 지금의 이탈리아 시칠리아섬의 작은 도시국가 시라쿠사(Siracusa)의 왕으로 즉위했다. 트라시불루스 왕은 통치를 시작하자마자 토지 공유화 제도를 선포하고 사람들의 땅을 모두 빼앗아 국가 소유로 만들었다. 그런 다음 자신에게 충성을 맹세한 용병들에게만 그 땅을 나누어주었다. 토지 공유화 제도는 자신의 독재 정치를 합리화하기 위한 명분에 지나지 않았다. 독재자의 통치는 길지 않았다. 졸지에 농지를 빼앗긴 농민들은 민중 봉기를 일으켜 트라시불루스 왕을 즉위 11개월 만에 왕좌에서 끌어내렸다.

그다음이 문제였다. 용병들이 차지했던 땅의 소유권을 두고 엄청난 혼란이 벌어졌다. 당시에 공식 땅문서라는 것이 있을 리 없었다. 용병에게 땅을 빼앗긴 원소유자들은 법정에서 배심원들을 설득하여 자신의 토지소유권을 인정받아야 했다. 자신이 어떻게 그 땅을 소유하게 되었는지 땅의 역사를 이야기하는 사람도 있었고, 이웃들의 증언을 바탕으로 자신이 땅 주인임을 주장하는 사람들도 있었다.

그리스 시대에는 변호사라는 직업이 존재하지 않았다. 스스로 자신의 토지소유권을 주장해야 했던 농민들은 소피스트(sophist)들에게 도움을 청했다. 기원전 5세기 무렵부터 고대 그리스에서 활약했던 소피스트들은 요즘 말로 사람을 설득하는 기술을 가르치는 '교사'였다. 이들은 법정에서 어떤 순서로 말해야 배심원들을 설득할 수 있을지에 대해 농민들에게 자세히 설명해주었다. 예를 들어 당시 대표적인 소피스트였던 코락스(Corax)는 도입부를 시작으로 서술부, 논증부, 여담, 맺음말 순서로 말하는 것이 효과적이라고 가르쳤다. 이 사건 이후 소피스트들이 갖고 있던 화법에 대한 전문 지식이 일반인들에게도 전파되면서 수사학은 실용적 학문으로서 긴 여정을 시작하게 된다.

아리스토텔레스도 『수사학』 3권 13~19장에서 메시지를 어떻게 구성할 것인가 하는 주제를 자세히 다룬다. 마지막 19장은 '결론'에 대해 설명하고 있다. 아리스토텔레스는 19장 마지막 문단에서 "담론의 마지막 부분에서는 접속사가 생략된 문장이 적합하다"라고 조언한다. 그래야 새로운 내용이 추가되지 않고 결론으로 마무리된다는 것이다. 그는 친절하게도 다음과 같은 예시도 제공한다. "나는 할 말을 다 했습니다; 당신은 모든 것을 들었습니다; 당신 앞에는 결정에 필요한 모든 사실이 펼쳐져 있습니다; 이제 판단을 해야 합니다."

'썸'으로 사랑에 성공할 수 있을까?

'썸'은 영어 단어 'something'에서 파생된 신조어로, 관심 혹은 호감 가는 이성과 사귀는 과정에서 느껴지는 불확실한 감정을 뜻한다. '썸'은 '타다'라는 단어와 합쳐져 '썸을 타다'라는 동사로 표현되기도 한다. 썸을 탈 때는 자신의 사랑을 솔직하게 고백하지 않는다. 2014년 소유와 정기고가 듀엣으로 발표한 '썸'의 가사는 그러한 심정을 다음과 같이 묘사하고 있다.

요즘 따라 내 꺼인 듯 내 꺼 아닌 내 꺼 같은 너
니 꺼인 듯 니 꺼 아닌 니 꺼 같은 나
이게 무슨 사이인 건지 사실 헷갈려

너 요즘 너 별로야 너 별로야

나 근데 난 너뿐야 난 너뿐야

분명하게 내게 선을 그어줘

자꾸 뒤로 빼지 말고 날 사랑한다 고백해줘

'사랑한다'는 말을 직접 하는 대신 상대방이 자신의 사랑을 확인하기를 요청하고 있다. 반면 가수 유키카의 '여자이고 싶은걸'이라는 곡의 가사는 상대방에 대한 사랑을 다음과 같이 분명하게 고백하고 있다.

내 맘속 가득 담아왔던 말들을

가슴 설레게 아려왔던 말들을

이젠 말할래 너를 좋아해

내 맘 받아주겠니

널 사랑해

이처럼 사랑하는 사람이 생기면 사랑한다고 분명하게 고백할 수도 있고, 아니면 자신의 사랑을 확인하도록 암시적으로 고백할 수도 있다. 어떤 방식이 더 좋은 결과를 가져올까? 현대 과학은 명시적 고백이 암시적 고백보다 사랑에 성공할 확률이 더 높다고 말한다.

결론이 명확하거나 또는 애매하거나

명시적 결론(explicit conclusion)과 암시적 결론(implicit conclusion)은 각각 고유의 장단점이 있다. 토론과 논쟁 관점에서는 명시적 결론이 더 바람직한 유형이다. 메시지는 분명하게 요약 제시되어야 하며 그 과정에서 어떠한 생략이나 감춤 또는 애매모호함도 있어서는 안 된다는 것이 토론과 논쟁의 기본 원칙이다. 명시적 결론은 메시지의 이해를 돕고 설득 효과도 높은 동시에 위험도 따른다. 다른 관점과 차이가 두드러지면 그에 상응하는 반대, 반론 제기, 거부가 발생할 수 있기 때문이다. 명시적 결론에 대한 심리적 반발이 거센 경우 부메랑 효과가 발생하여 상대방이 의도와 반대로 반응할 수 있다.

반면 암시적 결론은 청중의 자발적 참여를 유도해서 더 높은 설득 효과를 기대할 수도 있지만, 청중이 의도와 다른 자신만의 결론을 내릴 위험성이 있다. 이럴 경우 높은 설득 효과는 기대할 수 없다. 맥과이어 교수는 암시적 결론의 위험성에 대해 다음과 같이 분명하게 지적하고 있다. "커뮤니케이션을 할 때는 말을 물가로 데려가는 것으로 충분하지 않다. 말의 머리를 물속에 집어넣어 확실히 물을 먹게 만들어야 한다."

2가지 방법 중에 어느 것이 더 설득 효과가 높은지를 알아내기 위한 설득 커뮤니케이션 학자들의 노력은 1950년대 초부터 발견되고 있다. 1997년 오키프 교수는 이 주제 관련 기존 연구물들을 메타 분석한 연구 결과를 학계에 보고했다.[41] 총 32개의 실험 결과를 비교했고, 실험에 참여한 사람들은 1만 3754명이었다. 개별 논문들의 80% 이상이 명시적 결론이 암시적 결론보다 설득 효과가 더 높다고 보고하고 있었지만(32개 중 26개) 2가지 방법의 효과 차이는 통계적으로 유의미하지 않은 경우가 대부분이었다. 하지만 기존 32개의 실험을 모두 종합하여 메타 분석한 결과는 명시적 결론이 암시적 결론보다 통계적으로 유의미한 차원에서 설득 효과가 높다는 것을 분명하게 보여준다.

오키프 교수의 메타 분석은 암시적 결론을 2가지 세부 형태로 구별하여 분석하고 있다. 첫 번째는 결론 제시를 생략하는 형태(conclusion omission)이다. 예를 들어 대한적십자사가 자신의 조직이 사회에 도움이 되는 일을 얼마나 많이 하는가를 다양한 증거를 제시하면서 설명했지만 정작 결론에서 연회비를 납부하여 자신의 활동에 참여해달라고 명시적으로 요구하지 않았다면 생략된 결론 제시에 해당한다.

두 번째는 결론은 제시했지만 내용이 구체적이지 않고 두루뭉술한 형태(conclusion specificity)이다. 예를 들어 대한치과협회가 건강한 치아를 유지하기 위해 어떤 행동이 필요한가를 구체적으로 설명하지 않고 그저 건강한 치아를 유지하도록 노력하라고 결론 맺었다면 두루뭉술한 결론 제시 유형에 해당한다. 오키프 교수의 메타 분석 연구 결과는 암시적 결론의 형태에 상관없이 명시적 결론 제시의 설득 효과가 더 높다고 보고하고 있다.

메타 분석 결과는 명시적 결론 제시가 암시적 결론 제시보다 설득 효과가 높다는 사실을 분명하게 보여준다. 앞에서 언급한 명시적 결론 제시에 따르는 위험 요소들의 부정적인 영향력은 이제 고민하지 않아도 좋을 것 같다. 하지만 최근의 연구 결과를 보면 다음의 3가지 경우에는 명시적인 결론보다 암시적인 결론을 제시하는 것이 더 좋은 결과를 낳을 것으로 기대된다.

첫째, 메시지의 주제가 청중에게 매우 중요한 경우에는 암시적인 결론 제시가 더 바람직하다. 이런 경우에는 명시적 제시를 했을 때 부메랑 효과가 발생하기 쉽다. 둘째, 청중이 설득 의도를 의심하고 있을 때는 (그리하여 공신력이 낮을 때) 암시적 결론 제시가 더 효과적이다. 마지막으로 개인적인 차이도 고려할 필요가 있다. 최근 연구에 의하면 인지 욕구(the need for cognition)가 높은 사람들은 본인 스스로 결론을 맺으려 하는 성향이 강해서 명시적 결론 제시보다 암시적 결론 제시를 더 선호한다고 한다.

useful

persuasion

3부

pathos & persuasion

파　토　스
설득의 완성
감정 배치하기

행동을 끌어내는 결정적 치트키

2015년 2월 27일 미국「뉴욕 타임스」는 영화배우 레너드 니모이 (Leonard Nimoy)의 부고 기사를 실었다. 그는 본명보다 영화 〈스타트 렉〉의 미스터 스팍으로 더 잘 알려져 있다. 영화에서 외계인 스팍은 벌컨족의 독특한 사고방식을 보여준다. 미스터 스팍이 가장 즐겨 쓰는 언어 표현이 "당신 말은 논리적이지 않아(You are illogical)"일 정 도로 그는 매사를 논리에 입각해서 판단한다. 벌컨족은 이성과 평 정심을 중요하게 여기기 때문에 인간의 감정적인 행동을 이해하지 못한다. 그러기에 영미권에서는 감정보다 이성을 지나치게 중시하 는 사람을 '벌컨' 또는 '스팍'이라고 부르기도 한다. 그런데 우리가 기 억해야 할 것은 미스터 스팍은 외계인 캐릭터라는 점이다. 지구상의 어떤 인간도 미스터 스팍이 될 수 없다. 인간은 본질적으로 감정적인 동물이기 때문이다. 따라서 아리스토텔레스가 사람을 설득하는 세 번째 도구로 인간의 감정에 호소하는 파토스를 선택한 것도 충분히 이해된다.

그리스어 파토스(pathos)는 '당하다', '받다', '겪다' 등을 의미하는 '파스케인'이라는 동사에서 파생되어 본질적으로 수동적 성격을 지닌다. 즉, 우리가 자발적으로 어떤 상태가 되겠다고 능동적으로 결단해서 얻는 것이 아니라는 뜻이다. 아리스토텔레스에 의하면 파토스는 쾌락이나 고통이 따르는 모든 상태를 일컫는데 그러한 결과는 분명 감정을 통해 만들어진다.

수사학에서 특히 감정이 중요한 이유는 우리의 판단에 지대한 영향을 미치기 때문이다. 아리스토텔레스는 "우리가 슬플 때와 기쁠 때, 우호적일 때와 적대적일 때 우리가 내리는 판단이 똑같지 않다"고 말했다. 따라서 청중이 어떤 감정 상태에 있느냐는 화자가 고려해야 할 가장 중요한 요소 중의 하나이다. 청중의 감정 상태가 본인의 설득 목적에 적합하지 않다면 담론을 통해 그들의 감정 상태를 변화시켜야 한다. 감정의 변화가 판단의 변화를 가져오기 때문이다.

흥미롭게도 아리스토텔레스는 많은 사람들 앞에서 연설할 때 파토스의 영향력이 에토스나 로고스보다 더 강하게 작용한다고 말했다. 일대일 상태에서 사람을 만날 때는 에토스나 로고스 중심으로 설득해야 하지만 다수의 사람을 대상으로 하는 상황에서는 그들의 감정에 호소하는 파토스 접근법이 더 바람직하다는 것이다.

플라톤 이후 서양의 철학은 오랫동안 이성과 감정을 서로 경쟁하는 2개의 상반되는 개념으로 이해해왔다. 아리스토텔레스 역시 감정과 이성의 이분법에서 자유롭지 못했다. 또한 이성에 비해 감정은 훨씬 열등하다는 플라톤의 편견도 보편적 진실로 받아들여졌다. 그러던 중 18세기 철학자 조지 캠벨(George Campbell)은 이성과 감정이 서로 경쟁 관계에 있는 것이 아니라 감정은 이성을 도와 진리에 도달하게 하는 안내자의 역할을 한다고 주장했다. 당시로서는 매우 파격적인 이성과 감정의 협력설인 셈이었다. 현대의 뇌과학과 행동경제학 관련 연구 결과는 그의 주장에 부합하는 데이터를 제공하고 있다.

예를 들어 인간의 의사 결정 과정을 경제적 관점에서 연구하는 행동경제학의 창시자 대니얼 카너먼 교수는 의사 결정 과정에서 "사람들은 감정에 따라 판단하고 이성에 따라 합리화한다"고 한다. 합리적 사고가 중요시되던 20세기까지 인간의 이성이 세계를 지배했다면, 21세기에 세계를 지배하는 키워드는 감정이다. 아리스토텔레스의 수사학에서 주인공은 이성이었지만 지금은 주인공이 바뀌었다. 레드 카펫의 주인공은 감정이다. 그리고 주연과 조연은 바뀌었지만 그들 모두 같은 영화에 출연하고 있다. 주연과 조연의 사이가 좋지 않으면 좋은 영화를 만들 수 없듯이 이성과 감정은 서로 협력해야만 하는 숙명적인 관계에 놓여 있다.

시대에 따라 패러다임이 변화하는 것은 설득의 영역에서도 분명하게 감지되고 있다. 2000년대 초반까지만 해도 대다수 설득 교과서들은 감정에 관한 내용을 전혀 다루지 않거나 최소한으로 언급했다. 그런데 최근에 나오는 설득 교과서들은 감정에 대한 내용이 질과 양 측면에서 매년 엄청나게 성숙하고 성장하고 있음을 보여준다. 심리학 및 커뮤니케이션학 연구자들의 학술 논문에서도 감정을 주제로 하는 연구 결과들이 매년 엄청나게 쏟아져 나오고 있다.

설득 커뮤니케이션 학자들은 지금까지 어떤 감정을 연구해왔을까? 감정을 연구하는 학자들은 인간에게 보편적인 기본 감정이 있다고 주장해왔다. 아리스토텔레스도 2000여 년 전에 인간의 기본 감정으로 분노, 공포, 수치심, 혐오, 시기심, 행복 등을 언급했다.

인간의 표정을 분석하는 대표적인 연구자 에크만(Ekman) 교수는 인간이 공포, 분노, 기쁨, 혐오, 슬픔, 놀람 등의 6가지 기본 감정을 지니고 있다고 보고했다. 동양 문화에서는 중국 오경의 하나인 『예기(禮記)』에서 "무엇을 정(情)이라고 하는가?"라는 질문에 대한 답으로 기쁨, 분노, 슬픔, 두려움, 사랑, 싫어함, 욕망의 7가지 보편적 기본 감정인 칠정(七情)이 있다고 했다. 흥미롭게도 에크만과 『예기』에서 말한 기본 감정 중에 기쁨, 슬픔, 공포(두려움), 분노 4가지가 겹친다.

우리나라에서도 1990년대부터 감정을 표현하는 단어 유형을 분류하거나 감정의 차원 구조를 밝히는 연구들이 시작되었다. 예를 들어 연세대학교 언어정보개발연구원에서 1998년에 발간한『현대 한국어의 어휘 빈도』자료집에 의하면 세 차례의 선별 과정을 통해 최종적으로 선정된 감정 전달 단어는 총 434개로 나타났다. 이러한 감정 전달 단어들을 통계 분석한 후속 연구에 의하면 한국인들은 기쁨, 긍지, 사랑, 공포, 분노, 연민, 수치, 좌절, 슬픔 등 9개의 보편적 기본 감정을 지녔다고 한다. 기본 감정의 연구에서 확연히 드러난 한 가지 사실은 긍정적인 감정보다 부정적인 감정이 더 많다는 점이다. 당연히 기존의 설득 커뮤니케이션 연구도 주로 부정적 감정을 중심으로 진행되었다.

3부 파토스의 1장부터 4장까지는 공포(1장), 죄책감(2장), 후회(3장), 심리적 반발(4장) 등과 같은 부정적 감정의 설득 효과를 설명한다. 5장과 6장은 기쁨과 즐거움, 따뜻함과 온정 등 긍정적인 감정의 설득 효과에 관한 최근의 연구 성과를 소개한다. 7장에서는 '단짠'의 맛처럼 다양한 감정이 함께 작동하는 복합적인 감정의 설득 효과를 설명한다. 1장부터 7장까지는 사람들이 '경험한' 감정의 설득 효과를 설명하고 있다면 마지막 8장에서는 화자가 설득을 목적으로 보다 적극적으로 사용하는 '표출된' 감정의 설득 효과를 정리한다.

01
공포는 어떻게
설득 효과를 높이는가?

2022년 임인년은 호랑이의 해다. 호랑이는 인간이 가장 두려워하는 동물이다. "호랑이 굴에 들어가도 정신만 차리면 살 수 있다"는 옛 속담이 있듯이 호랑이는 인간에게 커다란 두려움과 공포의 대상이었다. 박노해 시인은 「호랑이 잡는 법」이라는 시에서 다음과 같이 쓰고 있다.

사람이 눈 감고 등을 돌리면 이미 두려움이 그를 잡아먹어서 있는 힘도 못 쓰는 법이란다.

네 마음의 고삐를 쥐고 두려움을 직시하면 호랑이도 물리치는 게 사람이다.

아주 오래전부터 사회과학자들은 공포라는 감정에 대해 지대한 관심을 가져왔다.

우리는 언제, 무엇에 공포를 느끼는가?

공포(恐怖)는 한자어 '두려울 공(恐)'과 '두려울 포(怖)'가 합쳐진 것으로 거듭해서 두려울 만큼 무섭고 겁나는 감정을 뜻한다. 인간이 공포라는 감정을 학습하는 데는 오랜 시간이 필요하지 않다. 발달심리학에 의하면 어린아이는 생후 6개월 정도 지나면 공포의 감정을 느끼게 된다고 한다. 어둠, 낯선 사람, 천둥소리 같은 것을 어린아이들은 두려워한다. 공포는 갓난아이를 비롯해 누구나 느끼는 감정이지만 학자들은 공포가 쉽게 설명되는 감정이 아니라고 말한다. 공포는 마치 양파 껍질 같은 감정이다. 까도 까도 그 속이 잘 보이지 않는다.

고대 그리스에서도 공포라는 감정은 학문적 관심의 대상이었다. 아리스토텔레스는 공포를 "파괴나 고통을 일으킬 수 있는 임박한 해악에 대한 상상으로부터 생겨나는 고통이나 혼란"으로 묘사하고 있다. 공포에 관한 그의 정의는 2300여 년이 지난 현대에도 여전히 유효하다. 현대 과학은 공포를 '개인이 자신과 관련한 심각한 위협을 지각할 때 일어나는 심리적 차원과 생리적 차원의 내적 감정 반응'으로 정의하고 있다. 공포에 대한 아리스토텔레스의 정의는 공포라는 감정을 이해하는 데 매우 중요한 2가지 사실을 알려준다.

첫째, 우리에게 심각한 고통이나 파괴를 일으킬 힘을 가지고 있는 대상에게 두려움을 느낀다. 아리스토텔레스는 친절하게 예를 들어 설명하고 있다. 『수사학』 2권 5장에서 그는 분노나 증오에 빠진 사람들에게 두려움을 느낀다고 말한다. 왜냐하면 복수의 기회를 노리고 있는 사람들은 우리에게 해를 입히려 하고 그럴 준비가 되어 있기 때문이다.

둘째, 우리는 심각한 해악이 멀리 있는 것이 아니라 가까이 있고 즉각적일 경우에 두려움을 느낀다. 우리는 아주 멀리 있는 해악에 대해서는 두려움을 느끼지 않는다. 아리스토텔레스는 다시 한 번 예를 들어 설명한다. "모든 사람이 자신이 결국 죽을 것이라는 사실을 알고 있다. 하지만 그 죽음이 임박하지 않은 한 사람들은 그것에 대해 두려워하지 않는다." 상대방이 자신에게 심각한 해악을 가할 의도와 능력이 있고 그러한 일이 실제로 발생할 가능성이 매우 클 때 우리는 공포와 두려움을 느낀다는 것이다.

효과적인 공포 메시지

공포와 공포 소구(fear appeal)는 완전히 다른 연구 영역이다. 공포는 심리학의 주요 연구 주제 중의 하나인 반면 공포 소구는 설득 커뮤니케이션의 독특한 연구 영역이다. 다시 말해 공포 소구는 사람들이 느끼는 공포에 관한 연구가 아니라, 공포를 포함하는 메시지의 설득 효과에 관한 연구를 말한다.

사람들은 공포를 느끼면 당면한 공포에서 벗어나는 것을 최우선적 과제로 삼는다. 그렇기에 공포 소구는 매우 효과적인 설득 수단이 된다. 공포 소구는 우리 주위에서 흔히 발견된다. 실제로 공포 소구는 엄마들의 단골 메뉴다. 엄마는 열심히 공부하지 않으면 평생 불행하게 살 것이라고 자녀들을 위협한다. 우리는 엄마의 위협성 잔소리를 귀에 못이 박히도록 들으면서 성장했다. 자녀들을 키우는 데 도움이 되라고 하느님이 엄마 몸안에 공포 소구 DNA를 몰래 숨겨놓으셨나 보다.

성인이 되어서도 상황은 바뀌지 않는다. 우리가 매일 대량으로 소비하는 대중매체는 공포 소구로 가득 차 있다. 흡연이 암을 유발한다거나 에너지 사용량을 줄이지 않으면 기후 위기가 온다는 공익적 메시지는 매우 유익한 공포 소구이다. 일상의 대중매체는 영리 목적의 공포 소구 백화점이다. 비듬 샴푸, 방향제, 구강 청정제 광고는 사회적 소외를 공포의 도구로 사용한다. 사교육을 하지 않으면 사회에서 도태된다고 주장하는 학습지 광고, 성장판이 닫히면 아이의 키가 더 크지 않는다고 말하는 성장 클리닉 광고는 부모에게 더할 나위 없이 효과적인 공포 소구이다. 대인적 차원에서도 공포 소구는 다양한 설득 전문가들에 의해 애용되고 있다. 생명보험 FC들은 죽음에 대한 공포를 영업 전략에 이용한다. 의사들은 환자에게 약을 꼬박꼬박 먹지 않으면 병이 더 심각해질 것이라고 말한다.

공포 소구에 관한 최초의 학문적 연구는 1953년에 보고되었다. 그 후 미국 등 서구권에서 공포 소구 관련해서 수백 편의 논문이 발표되었고, 기존의 연구 논문들을 정리하기 위한 메타 분석 논문도 적지 않게 발표되었다. 우리나라에서는 1977년에 발행된 학술지에 최초로 공포 소구에 관한 논문이 보고되었으며 그 후 40여 년 동안 33편의 논문이 공포 소구에 대한 이론적 고찰 및 실제 실험 연구를 수행하였다. 공포 소구는 설득 커뮤니케이션 영역에서 가장 오래된 연구 주제 중 하나이며 가장 정교한 이론적 틀에 의해 설명되고 있는 연구 영역이다. 기존의 연구 결과를 메타 분석한 논문을 중심으로 공포 소구에 대해 현대 과학이 우리에게 알려주는 것들을 정리해 보자.

공포에서 벗어날 수 있는 길을 제시하라

2015년 미국에서 수행된 메타 분석 연구는 가장 많은 공포 소구 논문들의 효과를 정리하고 있다.[42] 기존에 발표된 127개의 공포 소구 논문 결과를 메타 분석한 연구자들은 공포 소구가 종합적으로 사람들의 태도, 행동 의도, 그리고 행동에 통계적으로 유의미한 영향을 미친다고 한다. 국내의 메타 분석 연구자들도 지난 40년간 국내에서 진행된 공포 소구 논문들에 나타난 효과의 크기는 외국의 메타 분석 결과와 비교해볼 때 약간 작거나 비슷한 수준이라고 보고하고 있다.[43] 일단 '공포 소구가 효과적인가?' 하는 질문에 관한 분명한 답은 얻은 셈이다. 이어서 기존의 국내외 메타 분석 결과를 일반인들도 알아듣기 쉽게 번역하면 다음 2가지 핵심 정보로 요약할 수 있다.

1. 공포의 강도가 높아질수록 효과도 커진다.

이것은 실제로 실행하기가 쉽지 않다. 사람을 위협해서 공포의 감정을 느끼게 하기란 생각보다 어렵다. 위협적으로 보이는 메시지라도 실제로 사람들에게 공포를 유발하지 않을 수도 있다. 안전벨트를 하지 않으면 사망할 수 있다거나 음주운전은 위험하다는 공익성 공포 소구가 효과적이지 않은 이유는 사람들이 자신과 관계 없다고 생각하기 때문이다. 아리스토텔레스의 표현을 빌리자면 위험이 심각하게 여겨지지 않는 상황에서 공포 소구 메시지는 무시되기 쉽다.

현대 과학은 공포를 만들어내는 최상의 방정식을 찾아냈다. 이 방정식은 위험의 심각성과 개연성(蓋然性)이라는 2가지 요소로 구성된다. 다시 말해 위험이 초래하는 결과가 매우 심각하고 그러한 위험이 당장 실제로 발생할 가능성이 크다는 사실을 분명하게 전달해야 사람들이 공포를 느낀다는 것이다. 이것은 아리스토텔레스의 주장과 거의 같은 내용이다. 여기서 우리는 다시 한 번 아리스토텔레스의 천재성을 발견하게 된다.

2. 사람들이 공포심을 갖게 되어도 설득 효과가 발생하지 않는 이유는 공포를 제거할 대안을 제시하지 못했기 때문이다.

이 결론에 이르기까지 현대 과학은 긴 여정이 필요했다. 1950년대 초기 공포 소구 모델의 핵심은 공포라는 감정 그 자체였다. 학자들은 설득 효과가 공포의 크기에 따라 결정된다고 믿었다. 그러나 실험 연구가 거듭되면서 학자들은 공포가 커져도 예측한 설득 효과가 자동으로 발생하지 않는다는 사실을 알게 되었다. 공포라는 감정은 필요조건이지 충분조건이 아니라는 것이다. 그리하여 1970년대부터 새로운 요소가 추가된 공포 소구 모델이 연이어 등장했다.

복잡한 이야기를 쉽게 설명하기 위해서는 일상생활에서 발견되는 실제 사례를 들어서 설명하는 것이 가장 좋다. 공포 소구의 현대 이론을 가장 분명하게 보여주는 사례는 일부 근본주의 기독교인들의 노상 전도 슬로건인 '불신 지옥, 예수 천국'이라는 표현이다. 구원을 받지 못한 사람들이 지옥의 불구덩이에 던져져 영원히 고통받을 것이라는 '불신 지옥'은 위협의 강도가 매우 높은 공포 소구에 해당한다. 이러한 주장이 사람들을 두렵게 만들 수 있다면 필요조건은 충족된 셈이다.

지옥에 대한 두려움에 떨고 있는 사람들에게는 직면한 공포에서 벗어나는 것이 무엇보다 중요하다. 어떻게 그들을 공포에서 벗어나게 할 수 있을까? 현대 과학은 이 과정에 대해 자세하게 설명하고 있다. 여기서 현대 심리학의 가장 중요한 개념의 하나인 효능감(efficacy)이 주연 배우로 등장한다. 효능감은 캐나다의 심리학자 앨버트 반두라(Albert Bandura)가 주창한 개념으로 자기 스스로 문제를 해결하고, 상황을 극복할 수 있다는 신념 또는 기대감을 지칭한다.

우리는 지금 3년째 코로나 바이러스와 싸우고 있다. 언론을 통해 매일 보고되는 신규 코로나 감염자와 사망자 숫자는 자신의 감염 가능성에 대한 공포를 느끼게 한다. 공포라는 감정을 느끼기 위한 위험의 심각성과 개연성을 코로나 바이러스는 모두 가지고 있다. 하지만 코로나 바이러스를 치료할 수 있는 신약이 개발되었다는 소식은 우리에게 큰 희망을 준다. 공포에서 벗어날 수 있는 길이 생긴 것이다. 이것이 효능감의 개념이다. 문제를 해결할 수 있다는 인지적 자각이 있어야 희망이 생긴다. 아리스토텔레스 역시 2300여 년 전에 현대 과학과 비슷한 주장을 했다. 그는 두려움을 느끼기 위해서는 근심을 자아내는 대상에 대해 마음속에 구원의 희망이 있어야 한다고 말했다. 미래에 대한 아무런 희망이 없는 사람들은 두려움을 느끼지 않는다는 것이다.

사람들이 임박한 위험을 공포의 감정으로 느끼도록 만든 다음(필요조건) 그러한 위험을 피해 갈 수 있다는 희망을 주면(충분조건) 공포 소구는 완성된다. 공포 소구 메시지를 완성하는 마지막 퍼즐은 바로 이 효능감을 만들어내는 표현을 '예수 천국'처럼 분명하게 제시하는 것이다. 공포 소구는 공포와 효능감이라는 쌍두마차를 타고 설득의 왕국을 누비고 있다.

02

죄책감,
하지 않으면 안 되게 하라

　동물도 감정이 있나요? 이것은 감정이란 주제와 관련해서 많은 사람들이 궁금해하는 대표적인 질문 중 하나다. 실제로 이 질문은 학자들에게도 매우 흥미로운 주제였다. 위대한 진화론자 찰스 다윈도 이 질문과 관련된 명저를 남겼다. 『인간과 동물의 감정 표현』(1872)에서 다윈은 동물에서도 인간과 유사한 감정 표현이 발견된다고 주장했다. 동물에게도 감정이 있다는 사실을 전하는 뉴스도 수십 개 존재한다. '개는 질투를 하고, 쥐는 후회를 경험하며, 가재는 불안을 느끼고, 파리는 자신을 향해 다가오는 파리채에 공포를 느낀다'는 것이다.

　하지만 위의 질문에 대해 현대 과학은 확실하게 '아니요'라고 답한다. 대표적인 감정학자 배럿(Barrett) 교수는 동물이 "쾌감, 고통, 흥분, 또는 그 밖의 다양한 정동(情動, affect)을 경험할지 모르지만, 그이상의 것을 경험하는 정신적 메커니즘은 가지고 있지 않다"고 결론 지었다. 여기서 '정동'이란 용어는 다른 사람에 의해 객관적으로 관찰 가능한 감정 상태를 의미한다. 반면 '감정'은 정동보다 훨씬 정교하게 세분화된 상태를 지칭한다. 동물에게도 감정이 있는지에 관한 논란에도 불구하고 한 가지 분명한 것은 동물은 경험하지 못하는, 오직 인간에게만 허락된 감정이 있다는 사실이다. 그중의 하나가 죄책감(guilt)이다.

죄책감을 자극해 행동을 유도한다

죄책감이란 어떤 감정인가? 사람들은 '죄책감은 무언가 되돌렸으면 하는 감정, 자신의 책임감이 느껴지는 감정, 도덕적 기준을 어겼다는 느낌을 주는 감정'이라고 대답한다. 자신이 언제 죄책감을 느꼈는지 상기해보라. 직장이나 학교에 지각했을 때, 누군가를 화나게 했을 때, 부모님께 오랫동안 안부 전화를 하지 않았을 때, 금연 혹은 다이어트를 하겠다는 자신과의 약속을 지키지 않았을 때, 친구와 만나기로 한 약속을 깜박했을 때와 같은 상황에서 우리는 죄책감이라는 감정을 경험한다.

'공포'는 오랫동안 설득 커뮤니케이션 학자들의 사랑을 독차지한 외동아들이었다. 그러다 1970년대 들어 '죄책감'이라는 둘째 아들이 탄생했다. 커뮤니케이션 학자들이 죄책감이라는 감정에 관심을 갖게 된 데에는 2가지 이유가 있다.

첫째, 죄책감은 커뮤니케이션 학문의 핵심 개념인 관계(relationship)와 깊은 관련이 있는 감정이다. 여러 감정 중에 죄책감은 친근한 관계에서 가장 많이 경험한다. 우리에게 소중한 관계 속에서 여러 가지 이유로 죄책감을 느낀다. 예를 들어 연인에게 거짓말했다면 잘못된 행동이 죄책감을 유발한다. 연인에게 자주 연락을 하지 않았다면 책임을 다하지 않은 것이 죄책감을 유발한다. 친밀한 관계에서 우리는 생각보다 자주 죄책감이라는 감정을 경험한다.

둘째, 죄책감은 휘발성이 매우 강한 감정이다. 죄책감은 원상복구에 대한 강한 동인(動因)을 가지고 있기 때문에 본질적으로 행동 유발의 특성을 갖고 있다. 그러기에 상대방이 죄책감을 느끼게 만들 수 있다면 사회적 영향력을 행사하기가 어려운 일이 아니다. 반면 '슬픔' 같은 감정은 사회적 영향력에서 그리 중요한 역할을 하지 않는다. 슬픔을 느껴도 구체적인 행동이 뒤따르지는 않기 때문이다. 죄책감은 이러한 2가지 특성 덕택에 설득 커뮤니케이션 연구 영역에서 빠른 속도로 자신의 위치를 분명하게 자리매김하고 있다.

죄책감과 수치심(shame)은 어떻게 다른가? 죄책감이라는 감정을 정의할 때 빠지지 않고 등장하는 질문이다. 실제로 죄책감과 수치심은 매우 유사한 감정이다. 아리스토텔레스는『수사학』에서 수치심에 대해 자세히 언급하고 있지만, 죄책감에 대해서는 전혀 언급하지 않는다. 당시에는 수치심과 죄책감을 구별하지 않았을 것으로 추정된다.

죄책감은 우리의 외부적 행동과 관련이 있다. 자신의 행동이 도덕적 기준에 어긋나는 나쁜 결과를 가져왔다거나 자신이 마땅히 해야 할 일을 하지 않았을 때 우리는 죄책감을 느끼고 원상복구하고자 하는 강한 동기를 갖게 된다. 최근 언론에 보도된 기사 하나를 소개한다. 어느 재미교포가 50년 전 신촌시장 뒷골목에서 홍합 한 그릇을 외상으로 먹고 갚지 않아 그 빚에 대한 죄책감으로 평생을 살아왔다고 한다. 그래서 은퇴를 앞두고 한국을 방문하는 친구를 통해 2천 달러와 함께 속죄의 마음을 담은 손편지를 전해왔다. 죄책감은 이처럼 50년이라는 긴 세월이 지나도 강력한 행동의 동기로 작용한다.

반면 수치심은 본질적으로 내부 지향적인 감정이다. 수치심을 느끼는 사람은 내부로 움츠러들면서 내면의 자아에 집중한다. 상처받은 자아는 다른 사람과의 접촉을 피하게 만든다. 심리학자들은 두 감정의 미세한 차이를 독특한 방식으로 구별한다. 죄책감은 사적인 영역의 감정이고 수치심은 공적인 영역의 감정이라는 것이다. 죄책감은 자신의 잘못된 과거 행동에 대해 혼자 느끼는 감정인 반면 수치심은 자신의 잘못된 과거 행동이 다른 사람들에게도 알려졌을 때 느끼는 감정이라는 것이다. 다시 말해 수치심은 관중을 필요로 하는 감정이다. 아리스토텔레스도『수사학』2권 6장에서 "자기 치부를 아는 자들이 지켜보고 있어 그 치부가 백일하에 드러날 때 더욱 수치심을 느낀다"라고 말하고 있다.

죄책감을 느끼게 한 후 요청하라

1. 죄책감 소구는 확실히 효과적인 설득 도구이다.

죄책감이 설득의 도구로 사용된 사례는 우리의 일상생활에서 쉽게 찾아볼 수 있다. 부모, 선생님, 친구, 연인, 성직자, 자선단체, 그리고 생명보험 FC 등 수많은 사람들이 죄책감을 이용해서 다른 사람들을 설득한다. 한 설득 커뮤니케이션 교과서[44]는 13세의 여자아이가 매년 열리는 걸스카우트 쿠키 판매 모금 행사에서 무려 1만 상자의 쿠키를 팔았는데, 사람들이 그 비결을 물어보자 여자아이는 "사람들의 눈을 바라보면서 그들이 죄책감을 느끼도록 만들었어요"라고 대답했다는 이야기가 나온다. 학자들은 이러한 일상 사례가 과학적으로도 증명된다고 주장하고 있다.

죄책감 소구 효과에 대한 최초의 실험 연구는 1966년에 발표되었다. 그 후 50년이 지난 2015년에 미국 미시간 주립대학교의 보스터 (Boster) 교수 연구팀은 1966년부터 2012년까지 발표된 34편의 죄책감 소구 관련 연구 논문의 결과를 종합 정리한 메타 분석 논문을 발표했다.[45] 이 논문에서 연구자들은 죄책감 소구의 설득 효과가 분명하게 발견되었다고 한다. 다시 말해 사람들에게 죄책감을 느끼게 한 후에 무언가를 요청하면 보통 때보다 통계적으로 유의미한 차원에서 더 높은 설득 효과를 기대할 수 있다는 말이다. 게다가 보스터 교수 연구팀이 보고한 효과 지표는 기존 설득 메시지 기법들의 효과 지표보다 훨씬 높은 수치였다. 이러한 결과는 메시지 효과보다 감정 효과가 더 강렬하다는 증거라고 볼 수 있다.

2. 현대 광고에서도 죄책감은 단골손님이다.

일상생활에서 죄책감이 설득의 도구로 빈번하게 사용되고 있는 것처럼 죄책감은 대중매체의 광고에서도 단골손님이 되고 있다. 직장 다니는 엄마의 죄책감을 이용한 아동용 장난감 광고, 건강한 몸을 만드는 것은 자신의 책임이라고 말하는 운동기구나 피트니스 센터 광고, 몸에 해로운 성분을 제거했으니 죄책감 없이 소비하라고 권장하는 저지방 우유나 아이스크림 광고 등 엄청난 광고물들이 우리의 죄책감을 자극한다.

커뮤니케이션 학자들은 과학적인 방법으로 죄책감 소구 광고의 현주소를 알려주고 있다. 1980년대 초반에 수행된 인쇄 광고 내용 분석 논문은 죄책감을 설득의 도구로 사용하고 있는 인쇄 광고의 비율은 전체의 2.2%에 불과하다고 보고했다. 그런데 1990년 후반에 수행된 대규모 인쇄 광고 내용 분석 논문은 그 비율이 5.8%로 늘어났다고 보고했다. 참고로 이 논문에서 공포 소구 광고 비율은 4.8%에 불과했다. 죄책감이 공포의 감정보다 현대 광고인들이 더 사랑하는 설득 도구가 된 것이다.

3. 죄책감에는 여러 유형이 있다.

학자들은 죄책감의 개념을 여러 가지로 세분화하여 확장을 모색하고 있다. 기존 연구에 의하면 죄책감은 사후 대응 죄책감(reactive guilt), 예측 죄책감(anticipatory guilt), 그리고 실존 죄책감(existential guilt) 3가지 유형으로 분류할 수 있다. 미국 광고의 내용 분석 연구를 통해[46] 그중 예측 죄책감이 가장 빈번하게 사용되고 있다는 사실을 알게 되었다. 153개의 죄책감 광고 중에서 예측 죄책감은 전체의 62%, 사후 대응 죄책감은 29%, 실존 죄책감은 9%를 차지했다.

사후 대응 죄책감은 일반적으로 우리가 느끼는 죄책감을 말한다. 자신의 과거 행동이 도덕적 기준에 미치지 못한다는 생각이 들 때 느껴지는 감정이다. 한편 예측 죄책감은 미래에 발생할 수도 있는 나쁜 결과를 미리 예측할 때 느껴지는 감정이다. 예를 들어 투자 회사는 지금 당장 저축하여 투자하지 않으면 자녀의 대학 등록금을 마련할 수 없다는 내용의 광고를 통해 부모의 예측 죄책감에 소구하고 있다. 죄책감은 직접 경험하지 않고 예측만으로도 효과를 나타낸다. 현대 광고가 실제로 발생하지도 않은 일을 미리 예측하게 하여 우리의 행동을 조종하고 있는 셈이다.

실존 죄책감은 자신의 현재 상황이 다른 사람과 비교할 때 훨씬 낮다고 느낄 때 느끼는 감정이다. 아리스토텔레스 역시 다른 사람을 도울 능력이 있는데도 전혀 또는 별로 돕지 않을 때 우리는 수치심 또는 죄책감을 느낀다고 말했다. 사람들이 실존 죄책감을 느끼면 자신의 행운을 감사하고 다른 사람들의 불행에 아픔을 느끼게 된다. 내용 분석 논문에서 실존 죄책감이 공익 광고에서 가장 빈번하게 발견되었다는 연구자들의 보고는 쉽게 예측 가능한 사실이다. 우리나라에서도 기부금 모금에 참여해달라고 호소하는 광고에서는 예외 없이 헐벗고 굶주린 지구촌의 어린이들이 등장한다.

'TMI'는 'too much information'의 약자로 '너무 쓸데없는 말을 많이 하지 말라'는 뜻이다. 하지만 죄책감에 대해서는 더 많이 알수록 쓸데없는 죄책감에서 벗어날 수 있다. 현대 광고는 우리가 책임지지 않아도 될 일에 대해서도 죄책감을 느끼라고 강요한다. 영국 철학자 베이컨이 괜히 "아는 것이 힘이다"라고 말하지는 않았을 것이다.

㉃

해도 후회, 안 해도 후회라면
그냥 해라

굿즈를 사지 않으면 후회가 남는다.

굿즈를 사면 굿즈와 후회가 남는다.

우리는 살아가면서 헤아릴 수 없을 만큼 많은 의사 결정을 한다.
한 마케팅 보고서는 우리가 평균적으로 하루에 수천 번 이상 의사 결
정 관련 선택을 하고 있다고 한다. 그 많은 결정이 모두 좋은 결과를
가져올 수는 없다. 분명 그중 일부는 잘못된 결정일 가능성이 크다.
그럴 때 우리는 후회라는 감정을 경험한다. 굿즈를 사도 후회하고 사
지 않아도 후회한다고 하는 것처럼 후회는 선택으로 가득 차 있는 우
리 삶에서 절대 비켜 갈 수 없는 외나무다리다. 그래서 철학자 키르

케고르(Kierkegaard)는 어떤 일을 하기로 결정하든 하지 않기로 결정하든, 둘 중 무엇을 선택해도 후회를 경험할 것이라고 말했다.

후회하지 않으려면 할 수밖에 없다

일상생활에서 우리는 매일 후회라는 감정을 경험하고 있지만 사실상 후회는 간단한 감정이 아니다. 후회는 고도의 인지적 능력을 필요로 하는 감정이다. 후회는 공포나 분노 같은 기본 감정처럼 태어나자마자 경험할 수 있는 것이 아니다. 후회의 감정은 7세 무렵 발견된다고 한다. 후회는 현재 상태와 '만일 ~했더라면 ~할 수도 있었을 텐데'라는 대안적 상태를 비교할 수 있는 반사실적(counterfactual) 인지 능력이 필요한데, 7세 이전에는 그러한 인지 능력이 발견되지 않기 때문이다.

후회는 불쾌한 감정에 속한다. 게다가 학자들의 연구에 의하면 분노, 불안, 공포, 죄책감, 질투, 슬픔 등 불쾌한 감정들과 비교했을 때 2가지 측면에서 가장 강력한 행동 동기를 지닌다고 한다. 첫째, 자신이 과거에 결정을 잘했다면 현재 상황이 더 좋았을 것이라는 생각, 혹은 과거에 결정을 잘못해서 좋은 기회를 놓쳤다는 생각은, 현재 상황을 바로잡고 싶다는 강력한 행동 동기로 작용한다. 둘째, 후회는 자신의 자발적 선택으로 발생한다. 선택에는 책임이 따른다.

현재의 나쁜 상황이 자신의 잘못된 선택 때문이라는 책임감은 후회라는 감정을 보상 행동으로 인도하는 엄청난 에너지의 원천이 된다.

우리는 후회를 주제로 하는 책을 어렵지 않게 발견할 수 있다. '죽을 때 후회하는 50가지', '노인들이 가장 후회하는 5가지' 등 사람들이 무엇을 후회하는지에 대한 구체적인 내용을 다루는 책이나 '죽기 전에 꼭 가봐야 할 여행지 100곳', '죽기 전에 꼭 읽어야 할 책 100권' 등 나중에 후회하지 않으려면 지금 어떤 일을 해야 하는지를 알려주는 책들이 대부분이다.

후회 연구자들이 사람들에게 무엇을 가장 많이 후회하느냐고 물어본 결과 2가지 범주로 나눠졌다. 첫 번째는 나쁜 결과를 가져온 잘못된 선택에서 비롯된 것으로 행동 후회(action regret)라고 부른다. 두 번째는 마땅히 해야 할 행동을 선택하지 않은 데서 비롯된 것으로 비행동 후회(inaction regret)라고 부른다.

기존 연구에 의하면 사람들이 경험하는 후회는 시간이 흐름에 따라 달라진다고 한다. 단기적으로는 행동 후회를 비행동 후회보다 더 자주 경험한다는 사실이 보고되었다. 자신의 행동이 나쁜 결과를 빚는다면 당연히 후회의 감정을 피할 수 없다. 반면 비행동 후회는 비교적 노년에 많이 경험하는 감정이다. 예를 들어 '죽기 전에 후회하는' 것들은 대부분 비행동 후회에 속한다. '남들 시선 신경 쓰지 말고 나 자신의 삶을 살걸', '그렇게 열심히 일만 하지 말걸', '감정을 솔직히 표현하면서 살걸' 등과 같은 아쉬움을 나타내는 후회는 모두 자신이 그렇게 하지 못한 비행동 결정을 대상으로 하고 있다. 이러한 경향은 다양한 문화에서 공통으로 발견되고 있다. 중국, 일본, 러시아 사람들을 대상으로 한 후회 연구 결과는 미국 사람들을 대상으로 한 기존의 연구 결과와 대동소이했다.

최상의 만족과 최악의 손실

후회라는 감정에 관한 연구는 1980년대부터 경제학과 심리학 분야에서 각각 독립적으로 시작되었다. 1990년대 들어서 마케팅, 조직행동, 약학, 뇌과학 등의 분야에서도 후회에 관한 연구 논문이 발표되었다. 최근에는 후회라는 감정을 주제로 한 논문이 한 해에 100편 이상 발표되고 있다.

후회 이론에 의하면 사람들은 어떤 의사 결정을 할 때 2가지 사항을 고려한다고 한다. 첫째는 자신의 결정이 가져올 수 있는 최상의 상태, 즉 예상되는 만족에 대한 것이고, 둘째는 자신의 결정이 잘못되었을 때 얼마나 후회할 것인가, 즉 예상되는 후회에 대한 것이다. 대체로 예상되는 후회의 영향력은 예상되는 만족의 영향력보다 훨씬 크다고 한다. 자신의 현재 결정이 잘못된다면 미래에 크게 후회할 것이라고 믿는 상황에서 대체로 사람들은 외부의 설득에 저항하지 못하고 순응하게 된다는 것이다.

하지만 대부분의 사람들은 선택에 대한 의사 결정 과정에서 예상되는 최상의 결과에 초점을 맞춘다. '낙관적 편견'이라고 불리는 심리적 오류 때문이다. 그런데 이들의 관점을 설득 메시지를 받아들이지 않았을 경우 발생할 수 있는 최악의 사태에서 얻게 되는 후회로 전환할 수 있다면 사람들을 설득하는 것은 그리 어렵지 않다. 필자의 책『거절당하지 않는 힘』에 실린 사례 2가지를 소개한다.

첫 번째는 가진 것 없이 노점에서 시작해 현재 서울에 13개의 매장을 내고 연 매출 20억 원을 올리고 있는 김윤규 대표의 성공담을 담은『청년 장사꾼』에 나오는 이야기다. 김윤규 대표는 상암 월드컵 경기장 앞에서 축구 경기가 시작되기 전에 "여자 친구가 추워서 감기 걸리면 약값이 더 들어간다. 무릎 담요 2개에 5천 원이면 남는 장사다"라는 메시지로 관람객을 설득해 7분 36초 만에 100개의 담요를 완판했다고 한다. 담요를 사지 않을 경우 발생할 수 있는 최악의 사태에서 얻게 되는 후회 상황(여자친구가 감기에 걸리고 약값도 많이 들어감)을 강조함으로써 설득에 성공한 사례이다.

두 번째는 캐나다 퀘벡 자동차보험협회의 안전운전 캠페인 인쇄 광고이다. 3명의 청년이 광고에 등장하는데 이들의 가슴 부위에는 태어난 해를 보여주고 그 옆에 적힌 사망 연도는 안전벨트로 가려져 있다. 이 광고는 안전벨트를 사용했더라면 청년들이 아직도 살아 있었을 것이라는 강력한 추론이 담긴 메시지를 전달하고 있다. 이 광고를 보고 사람들은 안전벨트를 매지 않고 차량에 탑승했을 때 얻을 수 있는 최상의 만족(아마도 번거로움을 감수하고 약간의 편리함을 얻는 것 정도일 것이다)과 안전벨트를 매지 않고 차량에 탑승했을 때 잃을 수 있는 최악의 손실(광고는 그것이 사망이라는 사실을 분명하게 보여주고 있다)에 대한 후회를 비교하게 될 것이다. 그리하여 만족에 비해 후회가 엄청나게 클 수 있다는 사실을 깨닫게 된 사람들은 안전벨트를 순순히 착용한다.

후회는 친절한 감정이다

앞에서 인용한 2가지 사례에서 설득의 도구로 사용된 후회는 직접 경험한 후회가 아니다. 학자들은 경험된 후회(experienced regret)와 예측된 후회(anticipated regret)를 구별하고 있다. 경험된 후회는 심리학자들의 주요 연구 주제인 반면 설득 커뮤니케이션 학자들은 예측된 후회에 더 큰 관심을 보인다. 물론 예측된 후회가 감정인가 아닌가에 대한 논쟁이 학자들 사이에서 벌어지고 있는 것도 사실이다. 일부 학자들은 예측된 후회를 (후회라는) 감정에 대한 인지적 예측으로 취급하고 있다. 예측된 후회를 '가상 감정(virtual emotion)'이라고 부르는 학자도 있다. 하지만 여전히 다수의 학자들은 예측된 후회도 감정의 일종으로 간주한다.

기존 연구에 의하면 우리는 예측된 후회를 다음 4가지 상황에서 주로 느낀다고 한다. 바꿔 말하면 예측된 후회를 설득의 도구로 사용하기에 최적의 상황은 다음과 같다. 첫째, 2가지 대안 중 하나를 결정하기 힘들 때, 둘째, 자신에게 소중한 사람에게도 영향을 미치는 중대한 결정일 때, 셋째, 의사 결정을 잘못하면 나쁜 결과가 즉각적으로 나타날 것이라고 인식될 때, 마지막으로 선택과 관련된 잠정적인 손실이나 혜택에 대한 추가적인 정보가 제공될 때 예측된 후회가 강력한 영향력을 발휘한다.

영화나 드라마를 보면 주인공이 악에 받친 목소리로 "당신 나중에 후회할 거야"라고 말하는 장면이 종종 등장한다. 이럴 때 필자는 '주인공이 후회의 감정을 조금 더 정교하게 사용하는 것이 좋을 텐데'라는 생각을 한다. 화가 치밀어 상대방에게 분풀이하듯이 소리치는 것보다는 앞에서 설명한 예측된 후회가 발생하도록 상대방에게 차분히 설명하는 것이 훨씬 긍정적인 결과를 가져다준다.

설득이라는 관점에서 말하면, 후회는 상대방을 겁주기 위해 사용되는 감정이 아니다. 후회는 상대방을 생각하게 만드는 감정이다. 미래에 후회하지 않으려면 지금 어떻게 행동해야 하는지를 자세히 설명해주는 친절한 감정이다.

04

반발 심리를 이용한 설득

심리학자 치알디니 교수는 로미오와 줄리엣의 사랑을 심리적 반발이라는 감정 차원에서 접근했다. 어린 청소년들이(줄리엣은 14세, 로미오는 16세) 어떻게 죽음도 두려워하지 않는 사랑에 빠질 수 있을까? 낭만주의자들은 그들이 첫눈에 반한 천생연분이었기 때문이라고 대답할 것이다. 하지만 치알디니 교수는 그들의 사랑에 대한 부모의 간섭과 그로 인한 심리적 반발이 비극적인 사랑을 만들어냈다고 주장한다. 부모의 거센 반대가 없었다면 한낱 풋사랑에 그쳤을 것이라고 단정한다.

실제로 미국 콜로라도주에 살고 있는 140쌍의 부부를 대상으로 진행된 사회과학자들의 연구 결과는 치알디니 교수의 주장이 타당함을 뒷받침한다. 부모의 반대와 간섭으로 인한 심리적 반발 때문에 궁극적으로 결혼까지 하게 된 이들은 결혼 후에도 부모의 간섭이 강해지면 그에 비례하여 부부 사이의 애정이 더 강해지고, 부모의 간섭이 시들해지면 부부 사이도 시들해진다는 것이었다.

치알디니 교수는 심리적 반발 자체에 대해서는 별반 설명하지 않았다. 하지만 심리적 반발이라는 개념을 학술적 대상으로 접근했던 잭 브렘(Jack Brehm) 교수는 심리적 반발을 직접 측정하는 것은 불가능하다고 주장했다. 하지만 가장 최근의 연구는 심리적 반발을 측정하는 것이 가능하다고 주장한다. 심리적 반발은 '싫어,' '못해,' '안 할 거야' 등의 부정적 메시지와 분노라는 감정 반응의 합으로 측정할 수 있다는 것이다. 심리적 반발은 측정 가능성에 대한 논란에도 불구하고 설득에 다양하게 활용되고 있다. 상대방의 심리적 반발을 설득의 목적으로 이용하는 3가지 이론에 대해 더욱 자세히 알아보자.

심리적 반발을 역이용한 설득 기법

설득에도 갑과 을이 있는 것일까? 물론이다. 설득하는 사람은 갑의 입장이고 설득당하는 사람은 을의 입장이다. 그렇다면 을은 갑이 하는 일을 탐탁지 않게 생각하고 있다고 가정할 수 있다. 이 점에 최초로 주목한 사람은 미국의 심리학자 잭 브렘 교수이다. 그는 1966년에 심리적 반발 이론을 발표하고 최근까지 꾸준히 이론의 지평을 넓혀오고 있다.

심리적 반발 이론은 자유, 자유에의 위협, 심리적 반발, 자유의 복원이라는 4개의 핵심 개념으로 이루어져 있다. 브렘에 의하면 설득 메시지는 본질적으로 일정 부분 상대방의 자유를 위협하고 있다. 설득 연구의 권위자 밀러 교수 역시 설득은 간접적 강압 방식으로 작동한다고 말하고 있다. 이러한 위협에 대해 사람들은 심리적 반발을 느끼고, 그 크기에 따라 설득 노력의 성패가 갈리는 것이다. 심리적 반발이 가장 활성화된 상태를 브렘 교수는 부메랑 효과(boomerang effect)라는 개념으로 설명한다.

예를 들어 담배를 피우지 말라고 하면 더욱 담배를 피우고 싶은 욕망이 생겨서 오히려 담배를 더 찾게 되는 현상을 부메랑 효과라고 부른다. 브렘의 설명에 따르면 어떤 행동의 자유가 위협당하면 그것을 되찾기 위한 동기로 인해 이전보다 더욱 강렬하게 실행한다는 것이다. 이러한 심리를 이용한 설득을 청개구리 기법이라고 부른다.[47] 의도적으로 부메랑 효과를 만들어내서 설득의 목적을 달성하는 것이다.

심리적 반발을 역으로 이용하는 청개구리 기법의 역사는 멀리 그리스 신화에서부터 시작된다. 제우스는 인간들에게 벌을 주기 위해 각종 재앙을 가득 채운 상자를 호기심 많은 판도라에게 준다. 이때

제우스는 의도적으로 "절대 이 상자를 열면 안 된다"라고 판도라에게 경고했다. 그 결과는 우리가 익히 알고 있듯이 더욱 강한 호기심을 느낀 판도라가 상자를 열게 되고 인간 세상에는 재앙들이 넘쳐나게 되었다.

하지만 청개구리 이야기는 아이러니하게도 청개구리 기법을 제대로 사용하지 못한 실패 사례이다. 청개구리는 불효자였다. 엄마가 공부하라면 놀고, 일찍 일어나라면 늦잠 자고, 일하라면 도망가는 등 모든 것을 정반대로 행동했다. 그러다 엄마는 세상을 뜨기 직전에 아들 청개구리에게 자기가 죽으며 강가에 묻어달라는 유언을 남겼다. 늘 자기 말에 반대로 행동하는 아들이 자신을 산속에 묻어줄 것이라고 기대한 것이다. 그런데 청개구리는 엄마가 돌아가시자 마침내 철이 들어 평생 처음으로 엄마의 말씀대로 엄마를 강가에 묻어주었다. 결국 아들 청개구리는 엄마의 소원을 잘못된 방향으로 들어준 것이다.

청개구리 기법은 부메랑 효과를 기대하고 자신이 원하는 것과 정반대의 요구를 하기 때문에 매우 주의해야 한다. 청개구리 기법은 상대방이 자신의 주장에 심리적으로 반발할 것이라는 확신이 있을 때만 사용해야 한다. 그렇지 않으면 청개구리 이야기처럼 실패할 가능성이 크다.

선택의 자유, '네 마음대로 하세요'

웹 검색을 하다 우연히 '설득 효과를 2배로 높여주는 4개의 단어 (Four words that double persuasion)'라는 유혹적인 표현을 발견하고 갑자기 솔깃했다. 사실 검증에 앞서 웹에서 발견한 4개의 단어는 'But you are free(BYAF)'라는 사실을 먼저 밝혀야겠다.

BYAF(당신 마음대로 하세요) 기법에 대한 연구 결과는 프랑스 심리학자 구에구엔(Gueguen)과 파스쿠알(Pascual) 교수 연구팀에 의해 2000년 처음으로 발표되었다.[48] 이 기법은 출생지가 프랑스라는 독특한 이력을 갖고 있다. 연구팀은 번화한 쇼핑몰에서 지나가는 사람들을 대상으로 약간의 금전적인 도움을 요청했다. 그리고 BYAF 기법 집단에게는 '그렇지만 당신 마음대로 하세요'라는 표현을 덧붙였다. 연구 결과는 놀라웠다. 일반적인 통제 집단의 승낙률은 10%에 불과했지만 BYAF 기법 집단의 승낙률은 무려 47.5%로 나타났다. 그뿐만 아니라 평균 자선액에서도 BYAF 기법 집단은 일반적인 통제 집단보다 2배 높은 액수를 기록했다.

이러한 결과에 고무된 연구팀은 BYAF 기법에 관한 연구를 더욱 체계적으로 진행했다. 설문 참여, 상품 구매 등 다양한 요청에서 BYAF 기법의 효과가 분석되었다. 2013년에 구에구엔 교수와 5명의 동료 교수 이름으로 출판된 한 논문은 무려 13회의 개별 실험 결과를 포함하고 있다.[49] 실험에 참여한 사람들은 총 1만 8천 명이 넘었고, 아마도 기네스북에 오를 정도로 단일 논문 참여자 표본 크기로는 매우 이례적인 숫자다.

미국의 카펜터(Carpenter) 교수는 2013년 BYAF 기법에 관한 기존 13편의 논문을 대상으로 메타 분석 연구를 진행했다.[50] 흥미롭게도 13편의 논문들은 모두 구에구엔 교수와 개인적 친분 관계에 있는 유럽 학자들의 연구 성과물이었다. 아직 BYAF 기법 관련 미국 학자들의 연구 논문은 발견되지 않고 있다.

BYAF 기법을 구글에서 검색해보면 미국의 마케터들이 BYAF 기법에 대해 입에 침이 마를 정도로 칭송하고 있다는 사실을 알 수 있다. 하지만 정작 미국의 학자들은 BYAF 기법에 전혀 관심을 보이지 않고 있다는 사실은 매우 아이러니하다. 카펜터 교수는 BYAF 기법에 대한 메타 분석을 통해 이 기법을 사용하면 그렇지 않을 때보다 2배 정도 높은 승낙률을 기대할 수 있다고 보고했다. 앞에서 잠깐 소개한 웹사이트의 주장이 거짓은 아니라는 사실이 분명해졌다.

메타 분석에 의하면 '그렇지만 당신 마음대로 하세요'라는 원래 표현과 함께 '당신 스스로 결정하세요', '결정은 당신의 몫입니다' 등의 다양한 표현들 모두 동일한 효과를 발휘했다. 피실험자들의 선택의 자유를 인정해주는 어떠한 표현이든 강력한 설득 효과를 낸다는 근거에 기초하여 BYAF 기법이 효과적인 이유를 심리적 반발 이론에서 찾고 있다.

거절을 이용한 거절당하지 않는 법

사회과학자들은 저항의 벽을 무너뜨리기 위해서는 오히려 상대방의 저항을 인정하라는 역설적인 주장을 한다. 사람들은 대체로 상대방의 저항을 공개적으로 언급하기를 꺼린다. 상대방의 저항을 언급하고 더 나아가 인정하면 상대방이 더 크게 저항할 것이라는 걱정 때문이다. 그러나 사회과학자들의 생각은 다르다. 이들은 과학적인 연구를 통해 상대방의 저항을 인정하고, 구체적으로 이름을 붙이고, 저항의 역할을 공식화하면 오히려 역설적으로 저항의 힘은 약해진다고 한다. 그래서 필자는 『거절당하지 않는 힘』에서 다음과 같이 말했다.

> 우리는 더 이상 상대방을 설득하려고 노력하거나 그의 주장에 반론을 제기하기 위해 노력할 필요가 없다. 그저 예상되는 상대방의 저항을 인정해주기만 하면 된다. 나머지는 거절의 심리학에 맡기면 된다.

구에구엔 교수가 2016년에 발표한 논문 결과는 필자의 주장이 틀리지 않았음을 증명해준다.[51] 그의 실험은 일상생활에서 세심한 관찰로 시작되었다. 사람들이 "네가 (내 부탁을) 거절하겠지만, 그래도" 혹은 "네가 '노'라고 말하겠지만, 그래도" 같은 표현을 사용한다는 사실을 발견하고 상대방의 거절을 인정하는 표현의 효과를 과학적인 방법으로 테스트했다. 필자는 구에구엔 교수의 RB(refuse, but) 기법을 우리말로 '거절하시겠지만 기법'으로 명명하고 소개했다.[52] 한마디로 실험 결과는 놀라웠다.

실험은 크리스마스 시즌에 진행되었다. 자선단체 직원으로 가장한 구에구엔 교수의 조교들은 쇼핑몰을 지나가는 사람들에게 장애 어린이들을 위한 기부금 모금에 참여해달라고 요청했다. RB 기법 집단에게는 모금 요청 전에 "당신은 아마도 거절하시겠지만, 그래도"라는 표현을 추가했다. 그랬더니 모금 참여율이 39.1%에 이르렀다. 일반적인 방법으로는 참여율이 25%에 불과했다. 통계적으로 유의미한 수준에서 두 집단 간의 차이가 발견되었다. 단순히 상대방의 거절을 인정하는 간단한 표현을 추가했을 뿐인데 통제 집단 대비 승낙률이 무려 56.4%나 높았다. 자선 모금액에서도 RB 집단은 통제 집단 대비 44%나 많은 액수를 기록했다.

구에구엔 교수는 이러한 결과를 심리적 반발 이론으로 설명하고 있다. 요청에 앞서 '거절하시겠지만'이란 표현을 추가하면 상대방의 선택의 자유는 위협받는다. 이 경우 위협받는 자유는 선택할 자유가 아니라 선택하지 않을 자유라는 점이 흥미롭다. '당신은 거절하시겠지만'이라고 말하는 순간 상대방이 거절을 선택할 자유가 분명하게 제한된다는 것이다. 그래서 심리적 반발이 역으로 발생하여 거절을 선택하지 않는 방향으로 의사 결정이 이루어진다는 것이 구에구엔 교수의 설명이다.

BYAF 기법과 RB 기법 모두 심리적 반발 이론에 기초하고 있지만, 2개의 기법이 설득 효과를 내는 과정은 정반대 방향으로 작동한다는 사실이 흥미롭다. BYAF 기법은 사람들의 심리적 반발을 감소시켜 설득 효과를 낸다. 반면 RB 기법은 오히려 선택의 자유를 보다 자세히 말하면 거절을 선택할 자유를 의도적으로 제한함으로써 심리적 반발을 일으켜 설득 효과를 낸다. BYAF 기법과 RB 기법은 이처럼 몇 마디 안 되는 단어를 추가하는 단순한 방법으로 강력한 설득 효과를 낸다는 점에서 새삼 말하기의 위대함을 실감하게 된다.

심리적 반발을 줄이는 방법

설득하는 사람의 입장에서 보면 심리적 반발은 분명 커다란 장애물이다. 그렇다면 설득 과정에서 필연적으로 발생하는 심리적 반발을 어떻게 극복할 수 있을까? 이 질문에 대한 답을 하기 위해서는 자유를 위협받은 사람이 느끼는 추정의 원칙(the implication principle)을 이해할 필요가 있다. 심리적 반발은 자신의 자유가 위협당할 때 발생한다. 심리적 반발 이론에서 말하는 자유는 모든 것을 포괄하는 일반적인 자유가 아니라 특정한 자유행동을 지칭한다. 즉, 금연 메시지는 흡연하는 자유만을 위협하고, 폭음 방지 메시지는 음주의 자유만을 위협한다. 하지만 추정의 원칙에 따라 사람들은 자유의 위협이 특정 자유에만 제한되지 않는다고 생각하여 심리적으로 반발하게 되는 것이다.

심리적 반발을 일으키는 2가지 추정의 원칙이 있다. 예를 들어 민식이와 민채는 학교 기숙사에서 함께 살고 있다. 어느 날 갑자기 민식이가 민채에게 "오늘 밤 네 차를 좀 쓸 수 있을까?"라고 말했다. 이 요구는 민채의 자유를 위협하는 2가지 사항을 추정하게 만든다. 첫 번째는 민식이가 오늘 밤뿐만 아니라 언제든 다시 그러한 요구를 할지 모른다는 사실이다. 민식이가 1년 365일 매일 밤 똑같은 요구를 한다면 민채는 더 이상 밤에 차를 쓸 수 없게 될지도 모른다. 두 번째는 민식이가 자동차를 쓰는 것 말고 다른 요구를 할지도 모른다는 사실이다. "오늘 밤은 내가 원하는 드라마를 볼게"라면서 TV 채널 선택권을 주장할지도 모를 일이다.

민식이의 요구에 민채가 심리적으로 반발하는 것은 이러한 2가지 추정의 원칙 때문이다. 따라서 민채의 심리적 반발을 줄여주기 위해서는 명확한 한계를 선언해서 불확실한 추정을 확실하게 만들어야 한다. 민식이는 오늘 밤 왜 갑자기 차를 빌릴 수밖에 없는지 이유를 분명하게 밝히고 다시는 이러한 일이(더 나아가서 어떤 비슷한 요청도) 발생하지 않을 것이라는 점을 분명하게 말하면 민채의 심리적 반발은 최소화될 수 있다. 상대방의 심리적 반발이 줄어들면 설득에 성공할 가능성이 더욱 커진다.

⑤ 설득력을 지배하는 유머 코드

   2015년에 개봉된 디즈니 애니메이션 〈인사이드 아웃(Inside Out)〉은 인간이 경험하는 감정을 기쁨이(joy), 슬픔이(sadness), 버럭이(anger), 까칠이(disgust), 소심이(fear)라는 5가지 캐릭터로 표현하고 있다. 이 영화에서 우리는 감정에 관한 2가지 중요한 사실을 발견하게 된다. 첫째, 긍정적인 감정은 부정적인 감정에 비해 절대 소수라는 사실이다. 우리나라 단어 중에 불쾌한 감정을 전달하는 단어는 즐거운 감정을 전달하는 단어의 2배가 넘는다고 한다. 영화 〈인사이드 아웃〉에서도 5가지 캐릭터 중에 오직 '기쁨이'만이 긍정적인 감정에 속한다.

   둘째, 그럼에도 불구하고 '기쁨이'는 영화의 주인공 라일리의 감정 중에서 리더의 역할을 맡고 있다. 긍정적인 감정의 역할이 매우 중요하다는 뜻이다. 하지만 주인공의 어머니에게서는 '슬픔이', 주인공의 아버지에게서는 '버럭이'가 감정의 대장 노릇을 하고 있다는 점은 의미심장하다. '기쁨이'가 제자리를 지키지 못하면 다른 감정에게 그 자리를 빼앗기게 된다는 뜻이 아닐까?

긍정적 감정 중에 가장 대표적인 것이 '기쁨'이다. 감정학자들은 기쁨과 즐거움을 동일한 감정으로 분류한다. 기쁨은 얼굴에서 웃음과 미소로 드러난다. 웃음은 소리를 동반하지만, 미소는 소리 없는 웃음이다. 역사적 기록을 살펴보면, 흥미롭게도 고대 그리스 시대에는 '미소'라는 단어가 존재하지 않았다고 한다. 미소 짓기는 중세에 등장했으며, 이를 다 드러내고 눈가에 주름이 잡히도록 활짝 웃는 모습은 치과 의술이 더 저렴해지고 일반화된 18세기부터 유행했다고 역사학자들은 말한다. 기쁨이라는 긍정적 감정은 최근에 와서야 비로소 그 가치를 인정받고 있다.

부정적 감정의 일종인 공포에 대한 커뮤니케이션 학자들의 연구는 1950년대부터 발견되고 있다. 그러나 긍정적 감정의 설득 효과에 관한 연구는 비교적 최근의 일이다. 부정적인 감정은 눈에 쉽게 띄고, 확실한 신체적 반응을 보이며, 오랫동안 지속된다. 반면 긍정적인 감정은 눈에 잘 띄지 않고, 신체 반응이 뚜렷하지 않으며, 지속 시간도 짧다.

그렇지만 상황은 빠르게 변화해 긍정적인 감정의 설득 효과에 관한 연구 논문들이 여기저기서 새롭게 발표되고 있다. 사람들에게 기쁨과 즐거움을 주는 유머는 긍정적 감정의 설득 효과에 관한 대표적인 연구 주제이다. 유머의 설득 효과에 관한 메타 분석 연구 결과를 통해 기쁨이라는 감정의 설득 효과에 관해 더 자세히 알아보자.

감칠맛을 더해주는 유머 감각

철학자들은 일찍부터 유머의 가치를 잘 알고 있었다. 독일의 철학자 칸트는 하느님이 인간 세상에서 벌어지는 온갖 불행한 일들을 안타깝게 여겨 사람들에게 희망과 잠, 그리고 유머를 주셨다고 말했다. 불행 가운데서도 유머를 통해 기쁨의 감정을 경험하라는 말이다.

유머의 첫 번째 가치는 기쁨의 감정을 만들어낸다는 것이다. 〈웃으면 복이 와요〉라는 전설적인 코미디 프로그램이 있었다. 1969년 8월에 시작해서 1985년 4월에 폐지될 때까지 무려 16년 동안 장수를 누렸다. 이후에도 두 차례나 부활하여 시청자의 사랑을 받았다. 당시 코미디 프로그램의 유머 수준은 형편없었지만, 구봉서, 배삼룡, 서영춘, 송해, 이기동 등 쟁쟁한 코미디언들의 촌극 유머에 온 국민은 배꼽을 잡고 웃음보를 터뜨리며 즐거워했다.

유머의 두 번째 가치는 설득의 힘을 지니고 있다는 점이다. 유머는 기쁨의 감정을 만들어내는 가치와 함께 설득력을 향상시키는 가치도 지니고 있다. 커뮤니케이션 학자들은 유머를 사회적 현상으로 이해하고 있다. 〈웃으면 복이 와요〉 같은 코미디 프로그램을 홀로 시청할 때는 여럿이서 함께 시청할 때보다 사람들이 훨씬 적게 웃는다는 사실이 사회과학자들의 연구에 의해 보고되었다. 코미디 프로그램에 가짜 웃음을 사용하면 사람들은 더 자주 웃고, 더 오래 웃는다는 사실도 알게 되었다.

유머 감각이 뛰어난 사람은 사회적으로 많은 혜택을 받고 있다고 한다. 한 인터넷 포털 사이트가 기업 인사 담당자들을 대상으로 실시한 설문조사에서, 취업 면접 시 적절한 유머가 플러스 요인이 된다고 답한 비율이 무려 80%가 넘었다. 유머는 이성을 평가할 때도 중요한 기준으로 작용한다. 요즘 젊은 여성들은 이상적인 배우자의 조건으로 능력과 성격, 그리고 유머 감각을 꼽는다. 심지어 서점에 가면 훌륭한 CEO가 되기 위해서는 유머 감각이 필수라면서 유머 기술을 소개하는 책들을 적지 않게 볼 수 있다.

유머의 설득 효과를 극적으로 높이려면?

유머는 다양한 학문 분야에서 연구되고 있다. 커뮤니케이션학, 심리학, 정치학, 공중보건학, 교육학, 그리고 마케팅 분야에서 유머 관련 논문들이 다수 발견되고 있다. 각각의 분야에서 유머의 설득 효과에 대한 단편적인 메타 분석 논문이 2000년대 이후 속속 발표되고 있다. 그 가운데 나단 월터(Nathan Walter) 교수를 주축으로 4명의 미국 학자들이 앞에 언급한 모든 분야를 총망라한 유머의 설득 효과에 관한 메타 분석 결과를 2018년에 발표했다.[53] 이들의 사전 분석에 의하면 2016년까지 유머의 설득 효과와 관련해서 총 640편 이상의 학술 논문이 발표되었다. 이 중 메타 분석 목적에 부합하는 79편의 논문을 선정해 체계적으로 분석한 결과를 요약하면 다음과 같다.

첫째, 유머의 설득 효과는 확실하게 증명되었다. 유머를 사용하면 그렇지 않을 때보다 메시지 효과의 결과 지표가 확실히 높게 나타났다. 결과 지표를 지식, 태도, 행동 의도 등으로 세분화해도 여전히 유머는 모든 영역에서 비유머 조건에 비해 통계적으로 유의미한 차이를 보였다. '유머의 설득 효과가 있는가' 하는 질문 자체는 더 이상 의미 없다. 그보다는 '유머의 효과는 언제 극대화되는가?'라고 질문해야 한다.

둘째, 유머의 설득 효과는 그 내용이 메시지와 얼마큼 연결되느냐에 따라 달라질 수 있다. 어처구니없는 몸 개그로 실소를 자아내는 유머와 설득 메시지의 내용과 직접 연결되는 유머의 효과가 동일할 수는 없을 것이다. 예를 들어 유머 감각이 가장 뛰어났던 미국 대통령 중의 한 사람으로 간주되는 레이건 대통령은 "우리는 지금 달에 보낸 우주인도 안전하게 집으로 되돌려보내고 있는데 저녁에 공원에 산책하러 나간 시민을 집으로 안전하게 돌려보내지 못한다면 이게 말이 됩니까?"라고 유머러스하게 말하면서 범죄의 심각성을 국민에게 알렸다. 메타 분석의 결과도 유머가 설득 메시지의 내용과 긴밀하게 연결될 때 설득 효과가 극대화된다고 보고하고 있다.

셋째, 유머의 효과는 설득 메시지의 주제 영역에 따라 달라진다. 마케팅과 교육 관련 주제에서는 유머의 효과가 매우 높게 나타났지만, 정치나 건강 관련 주제에서는 유머의 효과가 거의 발견되지 않았다. 유머는 '양날의 검(a double-edged sword)'으로 비유되고 있다. 적절하게 사용하면 '약'이 되지만 유머가 오히려 '독'이 될 수도 있다는 것이다.

유머를 설득의 목적으로 가장 광범위하게 사용하고 있는 분야는 광고 영역이다. 한 연구에 의하면 미국 TV 광고의 30% 이상이 유머를 설득의 도구로 사용하고 있다고 한다. 미국의 대표적인 스포츠 축제 '슈퍼볼(Super Bowl)' 광고물의 70% 이상에서 유머가 발견되었다. 유머 광고 효과에 관한 메타 분석 연구 결과를 중심으로 설득의 힘을 조금 더 자세히 정리해보자.

유머는 심리적 저항을 무너뜨린다

독일의 아이젠드 교수는 유머 광고의 효과에 관한 기존 38개 논문을 대상으로 2009년 메타 분석을 수행했다.[54] 그 결과 유머를 포함한 광고는 행복감, 기쁨, 즐거움 등 다양한 긍정적인 감정을 끌어낸다는 사실이 분명하게 밝혀졌다. 앞서 기술한 긍정적인 감정은 광고와 브랜드에 대한 긍정적인 태도로 연결되어 최종적으로 구매 의도를 높인다는 사실도 보고되었다. 아이젠드 교수는 메타 분석을 마무리하면서 유머 광고의 설득 효과는 문화에 따라 달라질 수 있으므로 미국 등 서구권 문화에 한정하여 해석해야 한다고 덧붙였다.

총 20편의 유머 효과 관련 학술 논문을 대상으로 우리나라에서 2015년에 수행된 메타 분석 연구는 아이젠드 교수의 결론이 한국 문화에서도 여전히 유용함을 증명하고 있다.[55] 우리나라에서도 유머 광고는 비유머 광고에 비해 더 높은 설득 효과를 내고 있다. 게다가 우리나라에서도 유머 광고는 광고에 대한 태도, 브랜드에 대한 태도, 그리고 구매 의도를 높이는 데 기여하고 있음이 메타 분석에 의해 발견되었다. 우리나라에서 유머 광고는 고관여 제품보다는 저관여 제품에서, 감성 제품보다는 이성 제품에서, 그리고 인쇄 매체보다는 방송 매체의 조건에서 더 높은 효과를 나타냈다.

유머 광고의 효과에 대한 기존의 이론적 설명은 대부분 정서적 차원 모델 혹은 인지적 차원 모델에 근거하고 있다. 정서적 모델은 유머의 설득 효과가 긍정적 정서에 의해 결정된다고 가정하고 있다. 유머에 의해 촉발된 소비자의 긍정적 정서가 직접 브랜드로 전이되어 설득 효과를 낸다는 것이다.

반면 인지적 차원 모델은 소비자의 정보처리 과정에 주목하고 있다. 설득 연구자들은 광고에서의 유머가 소비자의 정신을 산만하게 만드는 방해 기능을 한다고 주장한다. 광고에 대한 소비자의 반응이 부정적일 것이라고 예상된다면 광고에 유머를 사용하여 소비자를 산만하게 만듦으로써 예상되는 소비자의 저항을 비켜 갈 수 있다는 것이다. 유머 광고 관련 연구 결과도 이러한 논리를 지지하고 있다. 기존 연구에 의하면 유머 광고의 효과는 광고의 설득 논리가 빈약할 때 더 분명하게 나타나기 때문이다.

그러나 유머 광고의 대표적인 연구자 스트리크(Strick) 교수와 동료 연구자들은 유머 광고의 효과는 이 2가지 과정을 모두 거쳐 발생한다고 주장한다.[56] 실제로 그들의 연구 결과는 유머 광고의 효과가 인지적 과정과 정서적 과정에서 나타나는 개별적인 효과의 합이라고 보고한다. 그들의 연구 결과를 구체적으로 알아보자.

연구자들은 브랜드 효과를 긍정적 브랜드 연상과 부정적 브랜드 연상으로 나눠서 측정했다. 그 결과 광고에서 유머는 소비자의 설득 메시지에 대한 주의 집중을 방해함으로써 부정적 브랜드 연상을 저지했으며(인지적 처리 과정), 동시에 유머로 인해 발생하는 긍정적 정서는 긍정적 브랜드 연상을 촉진했다(정서적 처리 과정). 이러한 결과를 종합해서 연구자들은 유머 광고의 효과는 산만함과 긍정적 정서라는 2가지 요소가 서로 독립적으로 작용하여 그 합으로 결정된다고 한다.

유머 광고가 실패하지 않으려면?

광고 실무자의 관점에서 유머 광고를 제작할 때 심사숙고해야 할 3가지 사항에 대해 생각해보자.

첫째, 유머 광고는 분명 무시할 수 없는 커다란 설득 효과가 있지만 소비자의 주의를 제품에서 유머로 이탈시켜 결과적으로 브랜드에 대한 기억을 약화하는 부작용을 동시에 내포하고 있다. 광고인들은 이러한 현상을 '뱀파이어 효과(vampire effect)'라고 부른다. 그렇다면 이 문제를 어떻게 해결할 수 있을까?

스트리크와 동료들은 이 문제에도 관심을 보여 매우 흥미로운 결과를 보고하고 있다. 광고 제작자들에게 잘 알려진 3B 원칙이 있다. 광고에 아기(baby), 미인(beauty), 동물(beast)을 사용하면 주목도가 높아지고 사람의 마음이 훈훈해지는 긍정적 정서가 발생한다는 것이다. 그들은 유머 광고와, 긍정적 정서는 발생시키지만 산만하지는 않은 3B 유형의 광고 효과를 비교해보았다. 그 결과 광고에 대한 소비자의 저항이 큰 경우에는 유머 광고가 3B 유형의 광고보다 효과가 더 크지만, 소비자의 저항이 적을 경우에는 두 유형 사이에 효과 차이가 없다는 사실을 발견했다. 따라서 유머 광고 효과는 모든 제품에 동일하게 적용되는 것이 아니라 소비자의 저항이 클 것이라고 예상되는 제품에서 더욱 분명하게 나타난다는 사실을 기억할 필요가 있다. 제품에 대한 소비자의 저항이 크지 않을 것이라고 예측

되는 상황에서는 굳이 유머 광고를 사용하여 브랜드에 대한 주목과 기억을 손상시킬 필요는 없을 것이다.

둘째, 스트리크와 동료들의 연구 결과에 따르면 브랜드에 대한 부정적 연상이 형성되는 과정에 한해 유머 광고의 효과가 유효하다. 이미 부정적 연상이 형성된 경우에는 그것을 없애줄 정도로 강력하지는 않다는 것이다. 예를 들어 고금리 대부업체 광고에 유머를 사용하면 단기적인 효과는 있겠지만 유머 광고로 인한 산만함이 사라지면 소비자들은 다시 부정적인 반응으로 회귀할 것이다.

셋째, 유머 광고의 핵심 타깃이 누구인가에 따라 달라진다. 우리나라에서 수행된 메타 분석에 따르면 여성보다 남성 소비자층에서 유머 광고의 효과가 더 컸다. 또한 유머 광고의 효과는 2000년 이전보다 2000년 이후 더 커지고 있다는 사실도 추가로 발견되었다. 이러한 분석 결과를 종합하면 유머 광고는 젊은 남성층을 대상으로 할 때 극대화된다고 할 수 있다. 실제로 비락 식혜는 유머 광고 집행 2주 만에 편의점을 중심으로 젊은 층의 소비가 늘어나 총매출이 21%나 증가했다고 보고했다. 광고의 핵심 타깃인 젊은 남성층을 겨냥한 유머 광고가 성공했기 때문이다.

'정(情)' 하나로
통하는 마음

 따뜻함은 친절함, 상냥함, 위로, 사랑스러움 등과 유사한 긍정적 감정이다. 사랑만큼 격정적인 감정은 아니지만, 충분히 그 존재를 인지할 만큼의 각성(arousal) 강도를 가진 감정이다. 현대 과학은 따뜻함이 설득과 생존이라는 2가지 목적에서 핵심적인 역할을 맡고 있다는 사실을 알려준다. 코로나 팬데믹을 경험하면서 이제 '따뜻함'은 시대적 정서로 자리매김하고 있는 것으로 보인다. 온정(溫情)과 다정이라는 형태로 존재하는 따뜻한 감정의 가치를 보다 자세히 알아보자.

따뜻한 이야기는 언제나 옳다

따뜻함은 광고에서 즐겨 사용되는 감정이다. 한 보고에 의하면 미국 광고 5편 중 하나에서 따뜻함이라는 감정이 설득의 도구로 사용되고 있다고 한다. 우리나라에서도 마음이 따뜻해지는 광고를 어렵지 않게 만날 수 있다. 하루의 힘든 일을 마친 샐러리맨이 포장마차에서 가족의 따뜻한 격려 전화 한 통을 받고 기뻐하는 모습을 그린 광고, 아들과 나들이하다 아들이 노상 방뇨하는 모습을 옷으로 가려주는 아버지의 따뜻한 배려를 묘사한 광고 등이 있다.

따뜻한 감정을 설득의 도구로 사용하는 기법을 우리는 '온정 소구'라고 부른다. 오리온 초코파이와 동아제약 박카스 광고는 온정 소구 기법을 장기적으로 지속하고 있는 대표적인 사례이다. 국내의 한 연구에 의하면 광고에서 온정 소구는 총 8가지 메시지 유형으로 분류된다. 구체적으로, 가족애, 기업의 사회공헌, 젊은이의 용기, 그리움과 추억, 친구 간의 우정, 자애심(自愛心), 자연과 문화에 대한 경외심, 애국심 등을 자극하는 광고 메시지들이 소비자들에게 따뜻한 감정을 자아낸다.

학자들의 연구에 의하면 광고에서 온정 소구는 소비자의 광고에 대한 태도, 브랜드에 대한 태도, 그리고 궁극적인 구매 의도에 긍정적인 영향을 적지 않게 미친다고 한다. 하지만 최근 발표된 4명의 중국 학자들의 연구 결과는 온정 소구가 브랜드 특성에 상관없이 항상 설득 효과가 있는 것은 아니라고 경고한다.[57] 그들의 연구에서 광고 대상이 되는 브랜드가 고품격 가치나 경쟁력 등 개인적 가치를 추구하는 특성을 갖고 있다면 온정 소구는 오히려 독이 될 수 있다는 사실이 명확하게 밝혀졌다. 반면 온정 소구는 개인적 가치보다 관계적 가치를 지향하는 광고에서 설득력이 훨씬 높다는 것을 보여 주었다. 온정 소구를 설득의 목적으로 사용하려는 광고 제작자들이 반드시 기억해야 할 내용이다.

온정의 활동 무대는 광고에만 한정되지는 않는다. 대인관계에서도 '따뜻한' 감정은 강력한 설득의 도구가 된다. 최근의 한 연구에 따르면 특히 부모가 자녀의 잘못된 행동을 바로잡아 주기 위해서는 따뜻한 감정의 전달이 무엇보다도 중요하다고 한다.[58] 사춘기 자녀의 잘못된 식습관을 억지로 교정하려는 부모의 시도는 강한 반발에 부딪혀 실패했다. 그리고 올바른 정보를 제공해서 식습관을 교정하려는 시도 역시 부모가 설득 과정에서 따뜻한 감정을 함께 전달할 때만 효과적이었다. 부모가 사춘기 자녀를 설득할 때 따뜻한 감정 전달이 동반되지 않으면 설득 효과가 전혀 없다는 것이었다. 얼음처럼 차갑게 닫힌 사춘기 자녀의 마음을 얻으려면 일단 부모의 마음이 따뜻해져야 한다는 교훈을 주는 연구 결과다.

초코파이는 어떻게 '정(情)' 하나로
40년 넘게 롱런하는가?

온정 소구는 적용 범위가 매우 광범위해서 따뜻함뿐만 아니라 우리나라의 전통적인 정서인 효(孝)나 정(情)의 개념까지 포함하고 있다. 따뜻함에 기초한 온정 소구 연구 결과물을 보면서 우리나라 고유의 정서인 '정' 역시 강력한 설득의 도구가 될 수 있다는 기대감을 갖게 되었다. 우리나라 사람들의 대인관계를 기술할 때 가장 많이 사용되는 단어가 바로 정이라는 표현이다. '그놈의 정 때문에', '정 떨어지네' 등 정과 관련된 다양한 구어적 표현을 살펴보면 정이 한국인의 대인관계에 광범위하게 자리 잡고 있음을 어렵지 않게 이해하게 된다. 정은 외국인에게는 쉽게 이해되지 않는 우리만의 독특한 감정이다. 심지어 '미운 정, 고운 정' 같은 상호 모순적인 표현은 영어로 정확하게 번역되지도 않는다. 우리나라 사람들의 대인관계에서 '정'은 친밀도를 나타내는 가장 대표적인 준거 척도가 된다는 말은 곧 정에 호소하는 방법이 우리나라에서 매우 효과적인 설득 전략이 될 수 있음을 암시한다. 정을 이용한 설득 기법은 크게 3가지로 나눌 수 있다.

1. 인지상정(人之常情) 기법
'정'은 한국인의 보편적 심리이기 때문에 가족이나 친지 같은 특정

관계가 아닌 사이에서도 인간관계의 기본적인 정에 호소하면 설득 효과를 얻을 수 있다.

정에 의해 유지되고 관리되는 문화에서는 겉으로 드러난 행위보다 그러한 행위를 유발한 동기나 심정을 더 중요하게 여긴다. 그리하여 동기나 심정이 잘못되지 않았다면 비록 잘못된 행위를 저질렀다고 해도 인간의 기본적인 인정에 호소해 쉽게 용서받곤 한다. 음주운전을 하다가 적발된 경우에도 운전자가 인정에 호소하는 읍소형으로 대응하는 경우가 많다. 심지어 어떤 운전자들은 아예 상모(喪帽)를 차에 놓고 다니다 음주 단속에 적발되면 자신이 상주라서 몇 잔 마셨다고 눈물을 흘리면서 선처를 호소하는 웃지 못할 촌극을 연출하기도 한다. 한 인터넷 웹 광고 역시 '비싼 돈 내고 광고했어요. 한 번만 클릭해주세요'라는 광고 카피를 통해 소비자의 인정에 호소하고 있다.

2. 덤 주고 정 받기 기법

한국인의 의식 구조에 관해 오랫동안 연구해온 이규태 씨는 한국에는 너무나 뿌리 깊은 덤 의식이 있다고 지적한다. 덤 의식은 상호 간의 따뜻한 정을 바탕으로 하고 있다. 무엇이라도 조금 더 얹어주는 행위는 따뜻한 마음의 표현이며 이러한 행위는 곧 주고받기의 원칙에 따라 보은으로 되돌아온다. 그래서 우리는 콩나물을 사더라도 한 줌 더 얹어주는 가게를 찾아가고, 꽁치를 사더라도 새끼 꽁치를 덤으로 찔러주는 가게를 다시 찾는다.

백화점들이 명절 때마다 예외 없이 실시하는 경품 보너스 이벤트도 덤 의식을 현대적으로 이용한 마케팅 기법이다. 예를 들어 10만 원어치 물건을 사면 1만 원을 덤(경품)으로 주는 방식은 다분히 한국인의 덤 의식을 이용한 보너스 세일 기법이다. 바겐세일을 하는 나라는 많지만 보너스 세일을 하는 나라는 많지 않다.

3. '우리가 남이가?' 기법

'온정주의(溫情主義)'라는 단어는 우리나라 문화의 특성을 가장 정확하게 표현하고 있다. 법과 원칙보다 따뜻한 정이 판단의 기초가 된다는 의미다. 우리나라처럼 온정주의 문화가 깔려 있는 나라에서는 공과 사를 구별하기가 생각처럼 쉽지 않다. 대표적인 사례가 수년 전 대통령 선거전의 핵심 화두였던 '우리가 남이가?'라는 표현이다.

지역적 정서에 호소해야 하는 선거에서 최상의 전략은 정을 바탕으로 한 집단의식을 건드리는 것이다. 우리는 남이 아니므로 누구에게 투표해야 하는지를 잘 판단하라는 말이다. 서로 정을 나누고 있는 집단과 그렇지 않은 집단이라는 갈라치기가 선거전에서 흔히 사용되는 이유는 이러한 이분법이 엄청난 영향력을 발휘하기 때문이다.

토머스 홉스(Thomas Hobbes)는 『시민론』에서 "인간은 인간에게 신이며, 동시에 인간은 인간에게 늑대다. 한 시민은 다른 시민에게 신이지만, 한 도시(집단)는 다른 도시(집단)에게 늑대이다"라고 쓰고 있다. 인간은 주변 사람을 따뜻하게 보살피는 공감의 본성이 있지만 동시에 '우리 집단' 외에는 모두 사악한 늑대 무리로 여기는 본성도 있다는 의미다. 동일 집단을 향한 따뜻함은 외부 집단을 향한 잔인함으로 대체될 수도 있다. 인간은 지구상에서 가장 따뜻하면서도 동시에 가장 차가운 동물일지도 모른다.

다정함의 과학

2020년 초에 시작된 코로나 팬데믹 이후 외로움을 느끼는 사람들의 비율이 급속도로 높아지고 있다. 한 예로, 2021년 2월에 보고된 미국 하버드 교육대학원의 조사에 의하면 미국인의 36%가 심각한 외로움을 느끼고 있다고 한다. 문제는 이러한 감정적 외로움이 만병의 원인이라는 사실이다. 의학 관련 논문들은 지속적인 외로움이 비만이나 고혈압, 콜레스테롤 등과 같이 이미 잘 알려진 위험 요소들보다 더 큰 신체적 위험을 야기한다고 지적한다.

400만 명의 건강 상태를 분석한 메타 분석 논문은 비만이 조기 사망 위험을 30% 증가시키는 반면 외로움은 50%나 증가시킨다고 보고했다. 또 다른 의학 메타 분석 연구는 외로움은 하루에 담배 15개비를 피우거나 과음을 하는 것과 같은 수준으로 건강에 악영향을 미친다고 경고하고 있다. 미국 시카고 대학의 카시오포(Cacioppo) 교수는 "외로움은 혼자 있을 때 느끼는 것이 아니라 누군가와 교감하지 못한다고 느낄 때 발생한다"라고 말한다. 그렇다면 외로움의 문제는 따뜻함에 기초한 사회적 유대감으로 해결할 수 있을까?

장수 마을의 비밀에서 그 답을 찾아보자. 현대 의학자들은 일본 오키나와처럼 유난히 장수하는 사람들이 많은 마을들의 특징을 건강한 식단이 아니라 함께 식사하는 공동체 문화에서 찾고 있다. 식습관은 건강에 중요한 역할을 하지만 몸에 좋은 지중해 음식을 포장해 집에 가져가서 혼자 먹는다고 건강해질 것 같지는 않다. '무엇을' 먹는지가 아니라 '누구와 함께' 먹느냐 하는 것이 더 중요하다. 친밀한 사회적 유대감은 우리의 건강에 매우 중요한 요소라는 사실은 현대 과학에 의해 의심의 여지 없이 뒷받침되고 있다. 저명한 과학 학술지 『사이언스』에 보고된 한 메타 분석 결과는 더 좋은 인간관계를 가진 사람들이 더 오래 산다는 사실을 확실하게 증명하고 있다. 그렇다면 어떻게 친밀한 사회적 유대감을 만들 수 있을까?

『다정함의 과학』이라는 제목으로 우리나라에 소개된 미국 컬럼비아 대학교 정신의학과 켈리 하딩(Kelli Harding) 교수의 책 원제는 '토끼 효과(The Rabbit Effect)'이다. 1980년 『사이언스』에 보고된 로버트 네럼(Robert Nerem) 교수의 실험에서 사용되었던 토끼에 관련된 내용이다. 네럼 교수 연구팀은 높은 혈중 콜레스테롤 수치와 심장 건강의 연관성을 연구하기 위해 몇 달 동안 토끼들에게 고지방 식단의 사료를 먹인 후 토끼의 혈관 상태를 관찰했다. 대부분의 토끼는 예상대로 동맥 안쪽 부분에서 높은 지방 수치를 보였지만 유독 한 무리의 토끼들은 다른 토끼들보다 지방 성분이 60%나 낮게 측정되었다. 연구팀은 전혀 예상하지 못한 이런 결과에 당혹해하면서 그 이유를 찾기 시작했다. 생물학적 차원에서는 아무런 이유를 찾을 수 없었지만, 추가적인 세부 분석에 의해 지방이 덜 쌓인 토끼들은 가장 늦게 연구팀에 합류한 무리나 레베스크(Murina Levesque)가 돌본 토끼들이라는 사실이 밝혀졌다.

왜 그녀가 돌본 토끼들만 다른 결과를 보였을까? 연구팀은 레베스크가 다른 연구원들하고는 다른 방식으로 토끼를 대한다는 사실을 알게 되었다. 그녀는 토끼들에게 먹이를 줄 때 말을 걸었고, 종종 토끼들을 껴안고 쓰다듬어 주었다. 한마디로 레베스크는 토끼에게 먹이를 준 것이 아니라 사랑을 주었다는 것이다. 병에 걸리는 토끼와 건강을 유지하는 토끼의 차이는 식단이나 유전자가 아니라 '따뜻한' 마음에 기초한 다정함이었다.

영국의 작은 마을 '프롬(Frome)'의 컴패션 프로젝트(The Compassion Project) 사례는 '토끼 효과'가 토끼에게만 국한되지 않는다는 사실을 분명하게 보여준다.[59] 이 마을의 의사 헬렌 킹스턴(Helen Kingston)과 제니 하트놀(Hartnoll)은 질병 퇴치에 사용되는 의약품이 우리의 건강과 행복을 지켜주는 것이 아니라 좋은 관계를 유지하는 것이 웰빙의 진정한 해결책이라는 확신을 가지고 컴패션 프로젝트를 구상했다. 컴패션 프로젝트는 지역사회의 아프고 외로운 사람들을 이어주고 서로 돌보는 '돌봄 네트워크 시스템'을 말한다.

2명의 마을 병원 여의사, 1천 명의 지역사회 봉사자, 3개의 토킹(talking) 카페, 합창단, 12개의 소집단, 그리고 2만 8천 명의 지역 주민이 컴패션 프로젝트를 통해 서로 협력하여 엄청난 결과를 만들어냈다. 컴패션 프로젝트 시행 후 프롬 마을의 응급실 입원 비율이 14% 줄어들었다. 반면 같은 기간 프롬 마을이 속한 서머셋(Somerset) 지역의 응급실 입원 비율은 29% 상승했다. 마을 의료진과 주민들이 서로 협력하여 외로움과 질병을 극복한 컴패션 프로젝트 사례는 따뜻한 감정의 연대가 얼마나 큰 선한 영향력을 발휘하는지를 여실히 보여준다. 포스트 코로나 시대는 따뜻한 감정을 요구하고 있다. 지역사회 사람들과 서로 다정하게 살아가는 것이 최고의 명약이라는 사실을 컴패션 프로젝트가 분명하게 알려주고 있다.

하딩 교수의 책 부제 '다정함의 과학으로 더 오래 살고, 더 행복하게 살고, 더 건강하게 삽시다'라는 표현은 현대인에게 시사하는 바가 크다. 건강하고 행복한 삶을 오랫동안 누리는 것은 현대인의 가장 큰 소망일 것이다. 따뜻한 감정과 마음으로 다정한 사회적 유대 관계를 가지면 '구구팔팔(99세까지 팔팔하게)'의 염원도 무리는 아닐 성싶다.

따뜻한 마음이 행동으로 구현되는 것이 다정함이다. 다정함은 사회적 유대감과 인류 생존을 위해 필수적인 행동이다. 동물학자 브라이언 헤어(Brian Hare)와 바네사 우즈(Vanessa Woods)의 책『다정한 것이 살아남는다(Survival of the Friendliest)』를 추천하는 글에서 최재천 교수는 다정함의 가치에 대해 이렇게 쓰고 있다.

생물학자들의 죄가 크다. 우리는 오랫동안 자연을 '눈에는 눈, 이에는 이'라며 피도 눈물도 없는 삭막한 곳으로 묘사하기 바빴다. 그리고 그 죄를 죄다 찰스 다윈(Charles Darwin)의 '적자생존(survival of the fittest)'에 뒤집어씌웠다. '적자생존'은 원래 다윈이 고안한 표현도 아니다. (중략) 진화의 역사에서 살아남은 종들 중에 가장 다정하고 협력적인 종이 바로 우리 인간이다.

07

달콤한 슬픔은
어떤 맛일까?

"이별은 달콤한 슬픔이네요.(Parting is such sweet sorrow.)"

셰익스피어의 『로미오와 줄리엣』에 나오는 줄리엣의 대사 한 구절이다. 사랑하는 연인 로미오와의 이별은 슬프지만, 로미오와 함께 보낸 행복한 기억은 달콤하게 남아 있다는 뜻이다. 줄리엣만 이런 복합 감정(a mixed emotion)을 느끼는 것이 아니다. 우리 모두 살다 보면 복합 감정을 느낄 때가 있다. 예를 들어 에버랜드 같은 놀이동산에서 롤러코스터를 탈 때 우리는 기쁨과 공포를 동시에 느낀다. 롤러코스터가 요동 치면 짜릿한 쾌감과 함께 혹시라도 고장이 나서 다치면 어쩌나 하는 공포가 동시에 몰려든다.

심리학자들은 정말로 우리가 긍정적인 감정과 부정적인 감정을 동시에 느낄 수 있을까에 대해 궁금해했다. 기존 연구 결과를 보면 그럴 수 있다는 쪽에 무게추가 기운다. 특히 기존의 상태가 다른 상태로 전환되는 환경에서 우리는 종종 복합 감정을 느낀다고 한다. 줄리엣처럼 연인과 이별하게 되었을 때, 오래 살던 집을 떠나 다른 곳으로 삶의 터전을 옮길 때, 대학을 졸업하고 사회생활을 시작할 때, 천신만고 끝에 자신이 설정한 목표(예를 들어 다이어트를 위한 체중 감량)를 달성하게 되었을 때 등에서 종종 복합 감정이 발견된다. 흥미롭게도 서양의 심리학자들은 유교나 불교문화에서 복합 감정이 더 자주 발견된다고 보고하고 있다. 우리나라 사람들에게도 복합 감정이 낯선 존재가 아니라는 말이다.

좋은 경찰/나쁜 경찰 기법

긍정적인 감정과 부정적인 감정을 동시에 느끼는 복합 감정과는 약간 다르지만, 폴란드의 심리학자들은 긍정적인 감정과 부정적인 감정을 함께 사용하는 천재적인 설득 기법을 만들어냈다. 폴란드의 대표적인 심리학자 돌린스키(Dolinsky) 교수와 그의 제자 나우라트(Nawrat) 교수 연구팀은 1998년에 FTR(fear then relief) 기법을 소개했다.[60] FTR 기법은 공포라는 부정적인 감정과 안심이라는 긍정적인 감정을 결합하여 설득의 목적으로 사용하는 것이다.

돌린스키 교수 연구팀은 5회에 걸친 다양한 실험 설계를 통해 FTR 기법의 효과를 테스트했다. 예를 들어 도심 번화가에서 불법주차한 자동차 유리창에 주차위반 벌금 스티커처럼 보이는 종이를 끼워놓았다. 용무를 마치고 자기 차로 돌아오던 자동차 주인이 멀리서 보니 그 종이는 마치 주차위반 벌금 스티커처럼 보였을 것이다 (공포 유발 단계). 갑자기 벌금을 물까 봐 마음이 조마조마했을 자동차 주인은 나중에 그 종이가 단순 광고물이었다는 것을 알아차리고는 안도의 한숨을 쉰다(안심 단계). 이어서 짧은 시간 동안 천당과 지옥 같은 감정의 변화를 경험한 FTR 집단 사람들에게 15분 정도 설문조사에 참여해달라고 부탁했다. 그 결과 감정의 변화를 경험하지 않은 통제 집단에 비해 이들에게서 월등히 높은 설득 효과가 발견되었다(통제 집단의 승낙률 26%, FTR 집단의 승낙률 56%).

연구팀은 이러한 설득 효과가 한껏 높아진 공포의 감정이 갑자기 완화된 상태에서만 발견되었다고 말한다. 부정적인 감정인 공포 혹은 긍정적인 감정인 안심, 단독으로는 설득 효과가 발생하지 않았다. 공포 다음에 안심이라는 순서로 2개의 감정이 복합적으로 작용할 때만 강력한 설득 효과가 나타났다. FTR 기법을 제대로 이해하기 위해서는 비교적 잘 알려진 '좋은 경찰/나쁜 경찰(good cop/bad cop)' 기법에 관한 이야기를 먼저 시작하는 것이 좋을 것 같다.

치알디니 교수는 『설득의 심리학』에서 이 기법이 작동되는 전형적인 과정에 대해 자세히 묘사하고 있다. 용의자에게 나쁜 경찰의 존재는 엄청난 공포의 대상이다. 그런데 좋은 경찰이 나쁜 경찰을 내보내고 심지어 따뜻한 커피도 대접해준다. 갑자기 공포는 사라지고 평화가 찾아온다. 치알디니 교수는 좋은 경찰의 존재를 '취조실의 구세주'라는 극존칭으로 묘사하고 있다. 이제 용의자는 태도를 바꿔 수사에 매우 협조적으로 행동한다. 이 모든 것이 좋은 경찰이 자신의 편이라고 용의자가 착각했기 때문이라는 것이다.

돌린스키 교수 연구팀은 치알디니 교수의 주장에 동의하지 않는다. 용의자가 상황을 착각했기 때문에 협조하는 것이 아니라 '좋은 경찰/나쁜 경찰' 기법에서 순차적으로 사용된 부정적인 감정과 긍정적인 감정의 결합으로 용의자가 좋은 경찰의 자백 유도에 순순히 응했다는 것이다. 돌린스키 교수는 '좋은 경찰/나쁜 경찰' 기법은 FTR 순응 기법을 경찰의 용의자 고문 상황에 응용한 특수한 형태일 뿐이라고 말한다. 그러므로 FTR 기법은 쌍방 간의 힘의 격차가 불균형을 이루고 있는 고문이나 자백 상황은 물론이고, 친밀한 관계에서도 유용하게 사용할 수 있는 일반적인 설득 기법이다.

공포 다음에 안심을 한꺼번에 느낄 때

1998년 논문에서 돌린스키 교수 연구팀은 갑작스러운 감정 상태의 변화와 관련된 FTR 기법의 효과가 단지 '공포-다음-안심'이라는 감정 조합에서만 발견되는 특수한 현상인지 아니면 모든 감정에 공통으로 적용되는 일반적인 현상인지를 밝히는 연구가 필요할 것이라고 제언했다. 연구팀의 제언에 대한 답은 무려 9년이 흐른 다음에야 발견되었다. 그런데 놀랍게도 2007년 발표된 논문의 저자 이름은 전혀 바뀌지 않았다. 단지 주 저자가 돌린스키 교수에서 나우와트 교수로 바뀌었을 뿐이다. 결자해지(結者解之)라는 사자성어는 이럴 때를 위해 존재하는 모양이다.

연구팀은 3회의 실험에 걸쳐 다양한 감정의 조합을 테스트했다.[61] 그 결과 '공포-다음-안심' 조합에 기초한 FTR 기법의 효과가 다시 한 번 확인되었다. 동시에 긍정적인 감정에서 부정적인 감정으로 바뀌든, 반대로 부정적인 감정에서 긍정적인 감정으로 바뀌든 상관없이 일단 하나의 감정이 다른 감정으로 전환되는 과정을 거친 집단에서 통제 집단에 비해 2~4배 높은 설득 효과가 발견되었다. 이러한 결과를 바탕으로 연구팀은 FTR 기법의 외연을 확장하여 '감정의 널뛰기 (SOE, seesaw of emotions)' 기법이라는 보다 포괄적인 이름으로 대체할 것을 제안했다.

설득당하기 쉬운 감정 상태

연구팀은 FTR 기법과 SOE 기법의 효과를 설명하기 위해 고정관념화된 행동(mindless behavior) 개념과 진화론적 감정 이론(an evolutionary emotion theory)을 사용하고 있다. 진화론 입장에서 감정을 연구하는 학자들은 감정의 기능을 주어진 상황에 대한 대응 행동 관점에서 찾고 있다. 개별 감정은 저마다 독특한 대응 행동 프로그램을 갖추고 있다고 한다. 예를 들어 공포라는 감정의 대응 행동 프로그램은 외부의 위험을 감지하고, 위기에 신속하게 대응하여, 위험에서 벗어나게 만드는 데 있다. 반면 안심이라는 감정은 공포의 감정이 경고했던 위험을 복기하고 차츰 정상적인 상태로 복귀할 준비를 하는 기능을 맡고 있다.

그런데 공포라는 감정이 갑자기 사라지고 안심이라는 감정이 아직 활성화되기 전의 특정한 순간에 사람들은 짧은 감정의 공백 상태를 경험한다. 이 상태에서는 우리의 인지적 에너지가 최저 수준에 있다. 공포라는 감정의 대응 행동 프로그램 과정에서 외부의 위험을 지속해서 모니터링하고, 긴장 상태에서 적절한 판단을 해야 하는 등 인지적 에너지가 적지 않게 사용되었기 때문이다. 인지적 에너지가 고갈되면 우리는 인지적 에너지 사용을 최소화하는 고정관념화된 행동 모드를 통해 정보를 처리한다.

사회심리학의 많은 연구는 대부분의 일상생활에서 사람들이 저

비용 고효율 방식인 고정관념화된 행동 모드를 따르고 있다고 말하고 있다. 우리에게 발생하는 모든 일들, 우리가 만나는 모든 사람, 그리고 이러한 일이 벌어지는 모든 상황에 관한 정보를 모두 수집하여 그것을 일일이 철저하게 분석하면서 사는 것은 불가능하다. 그러한 삶을 살기에는 우리에게 주어진 시간, 에너지, 그리고 능력이 절대적으로 부족하므로 어쩔 수 없이 고정관념화된 행동이라는 판단의 지름길에 따라 행동하게 된다.

가장 단순한 판단의 지름길 중 하나는 상대방의 요구에 동의하는 것이다. 상대방의 요구를 거절하는 것보다 동의하는 것이 훨씬 쉽고, 실패의 가능성도 적다는 것을 우리는 잘 알고 있다. 더구나 고정관념화된 행동 모드에서는 우리의 반론 제기 능력이 현저하게 감소한다고 한다. 반론 제기를 위해서도 과도한 에너지가 필요하기 때문이다. 그러므로 감정의 공백 상태에서 사람들이 외부의 설득 압력에 취약한 모습을 보일 것이라고 예상하는 것은 하등 이상하게 여겨지지 않는다.

감정의 1+1, 죄책감과 동정심을 결합하라

코로나 팬데믹 시대에는 적절한 거리 두기가 필수적이다. 그래서 '뭉치면 죽고, 헤어지면 산다'는 우스갯소리도 있었다. 그런데 마케팅 세계는 그렇지 않은 것 같다. 콜라보 마케팅(collaboration marketing)의 핵심은 뭉치는 것이다. 설득 연구자들도 뭉쳐야 산다는 주장에 강한 동의를 표하고 있다. 뭉쳐야 산다는 주장의 대표적 학자인 하워드(Howard) 교수는 "만일 하나의 기법이 효과적이라면, 그러한 기법들을 둘 혹은 셋 결합하면 더욱 강한 효과를 얻을 수 있을 것"이라고 말한다. 설득 기법 연구물 중에는 하워드 교수의 주장처럼 2개 혹은 3개의 기법이 결합하여 더욱 강한 효과를 내는 사례들이 심심치 않게 보고되고 있다.

FTR 기법 이후로 설득 연구자들은 다양한 감정의 1+1 기법 효과를 테스트하고 있다. 한 연구는 공포 소구에 유머 소구를 결합하면 설득 효과가 더 높아진다고 보고하고 있다. '당신이 도와주지 않으면 누가 도와주겠습니까?(If you don't help, who will?)'라는 메시지로 죄책감과 동정심을 결합하면 기부금 모금에 더 효과적이라고 주장하는 논문도 발견되고 있다. 물론 '잘못된 만남'이 생겨날 수도 있다. 예를 들어 유머와 동정심을 결합하면 사려 깊지 못한 사람으로 인식될 수도 있다. 하지만 동양인들은 서양인에 비해 서로 상치되는 감정의 공존 상태를 더 잘 견디는 것으로 보고되고 있다. 어떠한 감정들의 1+1 결합이 우리나라 사람들에게 어떠한 설득 효과를 가져오는지는 미래의 연구자들에게 바통을 넘겨보도록 하자.

08

여자의 눈물은
설득 수단인가?

찰스 다윈은 기능주의 관점에서 감정을 이해했다. 감정은 인간이 환경에 적응하도록 돕는 기능을 수행하기 위해 존재한다는 것이다. 예를 들어 우리는 길을 가다가 뱀을 만나면 공포심을 느끼고 뒷걸음질쳐서 위험에서 벗어난다. 우리가 공포심을 느끼지 않는다면 뱀에게 물려 죽을 수도 있다. 이런 경우 공포심이란 우리의 생존에 매우 중요한 기능을 수행한다.

다윈 이후로 감정 연구자들은 사람들이 경험하는 감정이 개인적인 차원에서 어떠한 기능을 수행하는지에 대해 적지 않은 학문적 성과를 축적하고 있다. 예를 들어 공포는 위험을 인지해서 도망가게 하고, 불안은 위험 상황이 발생하지 않게 예방하게 하고, 분노는 스트레스 수준을 낮춰주고, 혐오는 대상에서 멀리 떨어져 쾌적함을 유지하게 하는 등 각각의 감정이 담당하는 구체적 기능이 있다.

감정을 노출해도 되는가?

최근 들어 감정의 기능을 개인적 차원을 넘어 사회적 차원에서도 연구해야 한다는 주장이 널리 확산되고 있다. 감정이 개인적 차원에서만 기능한다면 왜 우리의 감정이 얼굴이나 몸을 통해 외부로 표출되느냐 하는 질문에 전통적 연구자들은 확실한 답을 주지 못한다. 우리의 감정이 외부로 표출된다는 사실만 보더라도 감정은 개인적 차원을 넘어 사회적 차원 혹은 관계적 차원에서도 중요한 역할을 수행하고 있음을 알 수 있다.

개인 차원에서 기능하고 있는 감정은 경험된 감정(exprienced emotion)이라 불린다. 반면 새롭게 등장한 사회적/관계적 차원에서 기능하는 감정은 표출된 감정(expressed emotion)이라 불린다. 실제로 우리의 일상에서 감정을 (의도적으로) 표출하여 상대방의 인지, 태도, 행동에 영향을 준 사례를 어렵지 않게 찾아볼 수 있다. 예를 들어 대부분의 남자는 여자의 눈물에 약하다. "현명한 사람은 여자의 눈물을 그저 물이라고 생각한다"라는 러시아 속담도 있지만, 여자의 눈물에는 분명 물 이상의 의미가 있다. 철학자 볼테르의 표현처럼 "남자가 온갖 말을 다 해도 여자가 흘리는 한 방울의 눈물에는 당하지 못한다"는 말이 더 현실적이다. 눈물을 통해 표출된 여자의 감정은 강력한 사회적 영향력의 도구임이 틀림없다.

표출된 감정을 사회적 영향력의 관점에서 분석한 논문들이 1990년대 이후 빠르게 늘고 있다. 표출된 감정 관련 최고의 연구자인 네덜란드의 반 클리프(Van Kleef) 교수는 EASI(Emotion as Social Information) 모델을 통해 감정이 어떻게 사회적 영향력을 발휘하는지를 이론적으로 설명하고 있다.[62] 사람들은 다른 사람들이 표출하는 감정에서 사회적 정보를 찾아내고 이것을 의사 결정 과정에 사용하고 있다는 설명이다. 구체적으로 표출된 감정을 통해 전달된 사회적 정보는 협상, 설득, 그리고 소비자 행동 등과 같은 의사 결정 과정에서 다양한 사회적 영향력을 나타낸다.

1. 협상

협상에서 표출된 감정을 올림픽에 비유한다면 최고 출전 국가는 단연 분노와 행복 두 나라다. 협상에서 표출된 감정에 관한 연구는 2000년대 초부터 시작되어 아직 그 연륜이 길지 않다. 기존의 연구 결과를 정리하는 대신 몇몇 흥미로운 연구 결과를 소개하는 것이 더 적절할 것이다.

한 창의적인 연구자는 협상의 대표적인 지침 중 하나인 '문제와 사람을 구별하라(Separate the people from the problem)' 원칙을 표출된 감정 연구에 응용했다. 컴퓨터 시뮬레이션 설계로 진행된 연구 결과에 의하면, 협상자의 제안을 대상으로 감정이 표출된 경우에는 분노가 행복보다 상대방의 양보를 더 많이 얻어냈다. 반면 협상자를 대상으로 감정이 직접 표출된 경우에는 행복이 분노보다 더 큰 양보를 얻어냈다. 협상 과정에서 문제를 대상으로 분노를 표출하는 것은 괜찮지만(예를 들어 당신의 제안은 정말 나를 화나게 만드네요) 협상 파트너에게 분노를 표출해서(예를 들어 당신은 정말 나를 화나게 만드네요) 만족할 만한 협상 결과를 기대하기 힘들다는 뜻이다.

한 다국적 연구팀은 협상 과정에서 표출된 감정의 영향력이 문화에 따라 어떻게 달라지는지를 분석했다. 유럽계 미국인은 상대방이 분노를 표출하면 더 많이 양보하는 데 반해 아시아계 미국인은 오히려 분노하는 상대방에게 덜 양보하는 상반된 결과가 보고되었다. 분노라는 감정을 표출하는 행동이 문화에 따라 다른 평가를 받기 때문이라는 것이 연구자들의 해석이다. 아시아계 미국인은 대인관계에서 분노를 표출하는 것이 적절하지 않다고 판단하므로 분노를 표출하는 상대방에게 비우호적으로 반응했다는 것이다.

분노와 행복 외에는 협상 올림픽에 출전하는 표출된 감정은 그리 많지 않다. 최근의 한 연구는 죄책감과 실망감이 협상에서 표출될 때 어떤 결과를 가져오는가에 대해 분석한 결과를 보고하고 있다. 컴퓨터 시뮬레이션을 통한 협상 과정에서 죄책감을 표출하면 상대방에게 좋은 인상을 전달하지만 그렇다고 상대방이 자신의 제안을 양보하지는 않았다. 반면 상대방의 제안에 실망감을 표출하면 상대방에게 나쁜 인상을 전달하지만 그래도 상대방이 큰 폭으로 양보하는 바람직한 결과가 나타났다. 감정을 표출할 때는 명분과 실속 중에 하나만 선택해야 할 것이다. 표출된 감정이 협상 과정에서 어떤 역할을 담당하는지에 대한 연구는 현재진행형이다. 조금 더 확실한 그림이 그려질 때까지는 인내심이 미덕이다.

2. 설득

표출된 감정이 설득에 미치는 영향에 대해서도 몇몇 대표적인 연구 결과를 소개하기로 하자. 표출된 감정을 연구하는 학자들은 상대방의 도움이나 승낙을 요청하는 상황에서 자신의 요구가 거절당했을 때 실망감이나 분노의 감정을 표출하면 상대방이 어떻게 반응할까에 대해 궁금해했다.

일련의 연구 결과를 통해 우리는 설득 상황에서 실망감을 표출하는 것은 상대방의 마음을 되돌리는 데 도움이 되지만 분노를 표출하는 것은 아무런 도움이 되지 않는다는 사실을 알게 되었다. 앞에서 설명한 것처럼, 협상에서는 분노를 표출하면 상대방의 양보를 얻어내는 데 도움이 되었지만, 상대방의 도움이나 승낙이 필요한 경우에 표출된 분노는 오히려 부메랑 효과를 가져왔다. 협상처럼 서로 경쟁하는 환경에서는 분노를 표출하는 것이 용납되지만 설득처럼 상대방의 승낙을 요청하는 협력적 환경에서는 분노를 삼가야 한다.

연구자들은 다음 2가지 조건이 충족될 때만 표출된 분노의 긍정적 효과를 기대할 수 있다고 조언한다. 첫째, 분노를 표출하는 것이 적절한 행동이라고 인정되어야 하고, 둘째, 표출된 분노의 의미를 이해하기 위해 상대방이 노력하는 경우에 한해서 용납된다는 것이다. 많은 경우에 이 2가지 조건을 모두 충족하기는 쉽지 않다. 그러므로 평소 버럭버럭하는 감정을 조절하기 힘들다면 특히 상대를 설득해야 하는 상황에서는 분노 조절에 유념해야 한다.

3. 소비자 행동

소비자 행동 연구자들도 표출된 감정의 마케팅 효과에 관심을 보이고 있다. 한 연구는 슈퍼마켓 판매원의 미소가 소비자에게도 전염되어 긍정적인 감정을 불러일으키고 결국 제품에 대한 긍정적인 태도로 연결된다고 보고하고 있다. 미국 서던캘리포니아 대학 연구팀은 긍정적인 감정은 부정적인 감정보다 전염성이 더 강하다고 보고하고 있다. '슬픔은 나누면 절반이 되고, 기쁨은 나누면 2배가 된다'는 스웨덴 속담이 과학적으로 증명된 셈이다.

『감정은 어떻게 전염되는가?』(대니얼 크라비츠)에서는 행복이라는 긍정적 감정이 주위로 얼마나 빠르게 전파되는지를 실험 연구를 통해 보고하고 있다. 행복이 주위 사람들에게 전파될 확률은 25%, 2단계로 주위 사람의 친구들에게 전파될 확률은 10%, 그리고 3단계로 주위 사람들의 친구의 친구들에게 전파될 확률은 6%라고 한다. 오미크론 바이러스의 전파성에 못지않은 엄청난 수치다. 내가 행복하면 주위가 행복하고, 주위가 행복하면 세상이 행복해진다. 긍정적인 감정은 아낌없이 표출하는 것이 세상을 위해서도 좋을 것 같다.

설득의 품격

스스로 파멸의 길로 걸어 들어가는 사람을 '불나방'에 비유한다. 자신이 불에 탈 줄 뻔히 알면서도 불 속으로 뛰어드는 불나방의 모습과 다름없기 때문이다. 그런데 이것은 과학적으로 진실이 아니다. 나비의 진화를 연구하는 과학자에 따르면 불나방이 불을 향해 날아드는 이유는 불을 좋아해서가 아니라고 한다. 불나방을 포함해 모든 나비는 빛을 향해 일정한 각도를 유지하면서 나는 특성이 있다. 이 각도를 계속 유지하다 보면 불빛 주위를 나선을 그리면서 빙빙 돌다가 결국 불 속으로 들어가게 된다는 것이다. 대부분의 나방이 이러한 습성을 지녔지만, 불나방이 야행성 비행 곤충이기에 밤에 불로 뛰어드는 모습이 우리 눈에 더 자주 목격되었을 뿐이다(여담으로 불나방이라는 이름은 나방의 비행 습성 때문이 아니라 불꽃처럼 화려한 날개의 색상과 무늬 때문에 붙여졌다고 한다).

인간도 마찬가지다. 현대 과학은 인간이 불나방처럼 특정 조건에서는 무의식적으로 조건화된 의사 결정과 행동을 하고 있다는 사실을 경고하고 있다. 치알디니 교수가 소개한 설득의 6가지 원칙이 그러한 조건화된 반응을 나타내고 있다. 우리는 전통적으로 인간이 '생각하는 동물'이라고 인식해왔다. 그러나 현대 인지심리학과 설득 커뮤니케이션 연구 결과는 우리가 생각하는 것을 그리 즐기는 존재가 아니라고 단언한다. 우리는 오히려 '생각의 수전노'에 더 가깝다는 것이 과학자들의 주장이다.

우리가 올바른 의사 결정을 하기 위해 주어진 상황에 관한 모든 정보를 수집하여 그것을 완벽하게 분석한 다음에 행동할 수는 없는 일이다. 우리에게 주어진 모든 일에 대해 그런 방식으로 대처하는 것은 현실적으로 불가능하다. 그렇기에 우리는 상호성의 원칙 같은 '의사 결정의 지름길'을 따르게 된다. 많은 경우에 조건화되고 고정관념화된 행동은 우리의 삶을 유지하기 위해 필요한 행동이며 동시에 가장 효과적인 행동이다. 그러한 의사 결정의 지름길을 사용하지 않는다면 정보의 홍수 속에 허우적대다가 아무런 행동도 하지 못할지도 모른다.

하지만 심각한 문제는 우리의 조건화된 반응 성향을 부당하게 이용하여 자신의 이익을 취하는 '불로소득자'들이 적지 않다는 사실이다. 2004년 10월 런던에서 열린 국제소비자보호집행기구 연차총회에서는 2005년 2월을 '사기 조심의 달'로 정하고 국제적인 캠페인을 동시에 추진하기로 결정했다. 우리나라에서도 공정거래위원회가 한국소비자보호원과 함께 2005년 2월 한 달간 소비자를 대상으로 사기성 상거래에 대한 경각심을 불러일으키는 캠페인을 진행했다. 그런데 놀랍게도, 이 캠페인에서 경고하고 있는 사기 수법은 필자가 번역하여 국내에 소개한 치알디니 교수의 『설득의 심리학』 내용과 하등 다를 바 없었다. 캠페인의 구체적인 내용을 일부 소개하면 다음과 같다.

"받은 게 있으니 저도 뭔가 보답해야 할 것 같았죠(상호성의 원칙)."
사기꾼들은 공짜 선물이나 도움을 준다. 당신이 빚을 졌다는 불편한 감정을 느낄 때 그들은 당신에게 무언가를 요구하고 원치 않는 제안을 마지못해 수락하게 만든다.

설득 심리학과 사기 심리학의 차이

역사적으로 보면 설득학에는 2개의 큰 물줄기가 있었다. 하나는 '어떻게 설득해야 하는가?(How could one persuade?)'라는 질문으로 요약되는, 설득의 효과를 극대화하는 방법론에 대한 관심이다. 다른 하나는 '어떤 설득을 해야 하는가?(How should one persuade?)'라는 질문으로 요약되는, 설득의 윤리적 책임에 관한 관심이다. 설득 연구의 초기에는 이 2가지 물줄기가 서로 팽팽한 긴장 관계를 유지하고 있었다. 그러나 설득학의 발전 과정에서 후자에 관한 관심은 점차 시들해지면서 상대방을 설득할 수만 있다면 어떤 방법을 사용해도 괜찮다는 효과론이 일방적인 우위를 차지하게 되었다. 특히 사기꾼처럼 설득학에 관한 지식을 자신의 이익만을 위해 악용하는 불로소득자의 사례가 늘면서 점차 사람들은 설득의 심리학과 사기의 심리학을 배 다른 형제로 인식하게 된 것이다.

그렇지만 설득과 사기는 분명 차원이 다른 개념이다. 진정한 설득은 반드시 자신의 행동에 대한 윤리적 책임을 동반해야 한다. 미국의 학자 폴리(Polley)는 설득하려는 사람은 무엇을 설득할 것인지, 어떻게 설득할 것인지, 그리고 설득의 결과는 어떠할 것인지에 대한 윤리적 고려를 해야 한다고 주장한다.

미국의 저명한 세일즈 심리학자 지그 지글러(Zig Zigler)는 "다른 사람이 원하는 것을 얻도록 만들어줄 수 있다면 세상에서 얻지 못할 것이 없다"라고 말했다. 이런 정신은 『성공하는 사람들의 7가지 습관(The Seven Habits of Highly Effective People)』의 저자 스티븐 코비가 제시한 '윈윈 혹은 노딜(win/win or no deal)' 원칙과도 잘 부합된다. 상대방에게 도움을 줄 수 없는 설득은 윤리적인 설득이 아니다. 상대방을 설득하기에 앞서 우리는 스스로에게 먼저 질문을 던져야 한다. 내가 상대방을 설득하는 데 성공한다면 그 결과는 상대방에게도 도움이 될 것인가? 이 질문에 확실히 대답할 수 없다면 '설득을 그만두어야(no deal)' 한다. 그리고 '윈윈(win/win)'을 위한 설득을 하려면 어떤 준비가 더 필요한가를 스스로 되물어보아야 한다.

치알디니 교수도 누군가를 설득하기 위해 효과적인 말과 행동을 선택하기에 앞서 먼저 선택해야 할 것이 하나 더 있다고 지적하고 있다. 바로 윤리적인 바탕에서 설득을 시도할 것인가 하는 점이다.

미국의 대표적인 PR 학자 그루닉(Grunig) 교수는 가장 윤리적인 PR이 가장 효과적인 PR이라는 신념을 갖고 있다. 실제로 미국, 영국, 캐나다의 수많은 기업을 대상으로 한 연구를 통해 그는 자신의 신념이 과학적으로도 근거가 있음을 분명하게 보여주었다. '윤리'는 21세기의 핵심 조건이다. 윤리 경영을 하지 않는 기업은 시장에서 바로 퇴출당한다. 설득도 그러한 시대적 흐름을 비켜 갈 수 없다. 효과와 윤리는 이제 같은 배를 탄 공동운명체가 되었다. 새는 2개의 날개로 난다. 21세기의 설득도 '효과'와 '윤리'라는 2개의 날개로 균형을 맞춰서 날아야 한다. 아리스토텔레스가 이 장면을 본다면 누구보다 기뻐하며 커다란 감동의 박수를 아끼지 않을 것이다.

주(註)

1. Open Science Collaboration. (2015). Estimating the reproducibility of psychological science. *Science*, 349, no.6251.

2. Ioannidis, J. (2005). Why most published research findings are false? *PLoS Medicine*, 2(8), e124.

3. Wilson, E. J., & Sherrell, D. L. (1993). Source effects in communication and persuasion research: A meta-analysis of effect size. *Journal of the Academy of Marketing Science*, 21(2), 101-112.

4. Eisend, M. (2004). Is it still worth to be credible? A meta-analysis of temporal patterns of source credibility effects in marketing. *Advances in Consumer Research*, 31, 352-357.

5. Ismagilova, E., Slade, E., Rana, N., & Dwivedi., Y. (2020). The effect of characteristics of source credibility on consumer behavior: A meta-anaysis. *Journal of Retailing and Consumer Service*, 53, 101736.

6. Ott., M., Choi, Y., Cardie, C., Hancock, J. (2011). Finding deceptive opinion spam by any stretch of the imagination. Proceedings of the 49th Annual Meeting of the Association for Computer Linguistics, 309-319. Portland, Oregon.

7. Praet, C. (2008). The influence of national culture on the use of celebrity endorsement in television advertising: A multi-country study. Paper presented at the International Conference on Research in Advertising, Antwerp, Belgium.

8. Knoll, J. & Matthes, J. (2017). The effectiveness of celebrity endorsements: A

meta-analysis. *Journal of the Academy of Marketing Science*, 345(1), 55-75.

9. Eagly, A., Ashmore, R., Makhijani, M., & Longo, L. (1991). *Psychological Bulletin*, 110(1), 109-128.

10. Langlois, J., Kalakanis, L., Rubenstein, A., Larson, A., Hallam, M., & Smoot, M. (2000). Maxims or myths of beauty? A meta-analytic and theoretical review. *Psychological Bulletin*, 126(3), 390-423.

11. Hosoda, J., Stone-Romero, E., & Coats, G. (2003). The effects of physical attractiveness on job-related outcomes: A meta-analysis of experimental studies. *Personnel Psychology*, 56, 431-462.

12. Hamermesh, D. (2011). Beauty pays. *Why attractive people are more successful?* Princeton University Press.

13. Montoya, R.M. Horton, R., & Kirchner, J. (2008). Is actual similarity necessary for attraction? A meta-analysis of actual and perceived similarity. *Journal of Social and Personal Relationships*, 25(6), 889-922.

14. Chartrand., T., & Bargh, J. (1999). The chameleon effect: The perception-behavior link and social interaction. *Journal of Personality and Social Psychology*, 76(6), 893-910.

15. Gordon, R. (1996). Impact of ingratiation on judgments and evaluation: A meta-analytic investigation. *Journal of Personality and Social Psychology*, 71(1), 54-70.

16. Stern, J., & J. Westphal. (2010). Stealthy footsteps to the boardroom: Executives' backgrounds, sophisticated interpersonal influence behavior, and board appointments. *Administrative Science Quarterly*, 55(2), 278-319.

17. Aron, A., Melinat E., Aron, E., Vallone, R., & Bator, R. (1997). The experimental generation of interpersonal closeness: A procedure and some preliminary findings. *Personality and Social Psychology Bulletin*, 23(4), 363-377.

18. Collins, N., & Miller L. (1994). Self-disclosure and liking: A meta-analytic reviews. *Psychological Bulletin*, 116(3), 457-475.

19. Burger, J. (2009). Replicating Milgram. Would people still obey today? *American Psychologist*. 64(1), 1-11.

20. Packer, D. (2008). Identifying systematic disobedience in Milgram's obedience

experiments. A meta-analytic review. *Association for Psychological Science*. 3(4), 301-304.

21. Reinard, J.C. (1988). The empirical study of the persuasive effects of evidence: The status after fifty years of research. *Human Communication Research*, 15, 3-59.

22. Stiff, J. (1986). Cognitive processing of persuasive message cues: A meta-analytic review of the effects of supporting information on attitudes. *Communication Monographs*, 53, 75-89.

23. Allen, M., Preiss, R. (1997). Comparing the persuasiveness of narrative and statistical evidence using meta-analysis. *Communication Research Reports*, 14, 125-131.

24. Zebregs, S., Putte, B., Neijens P., & de Graaf, A. (2015). The differential impact of statistical and narrative evidence on beliefs, attitude, and intention: A meta-analysis. *Health Communication*, 30, 282-289.

25. Stiff, J., & Mongeau. P. (2016). *Persuasive communication*. The Guilford Press.

26. 장문정, (2018), 『왜 그 사람이 말하면 사고 싶을까?』, 21세기북스.

27. Braddock, K., & Dillard, J. (2016). Meta-analytic evidence for the persuasive effect of narratives on beliefs, attitudes, intentions, and behaviors. *Communication Monographs*, 83, 446-467.

28. Green, M.C., & Brock, T.C. (2000). The role of transportation in the persuasiveness of public narratives. *Journal of Personality and Social Psychology*, 126, 247-259.

29. Tversky, A., & Kahneman, D. (1981). The framing of decisions and the psychology of choice. *Science*, 211, 453-458.

30. Gallagher, K., Updegraff, J. (2012). Health message framing effects on attitudes, intentions, and behavior: A meta-analytic review. *Annual Behavioral Medicine*, 43, 101-116.

31. Nabi, R., Walter, N., Oshidary, N., Endacott, Love-Nichols, J., Lew, Z., & Aune A. (2020). Can emotion capture the elusive gain-loss framing effect? A meta-analysis. *Communication Research*, 47(8), 1107-1130.

32. Sopory, P., & Dillard, J. (2002). The persuasive effects of metaphor. A meta-

analysis. *Human Communication Research*, 28(3), 382-419.

33. Van Stee, S. (2018). Meta-analysis of the persuasive effects of metaphorical vs. literal messages. *Communication Studies*, 69(5), 545-566.

34. Blonde, J., & Girandola, F. (2016). Revealing the elusive effects of vividness: A meta-analysis of empirical evidence assessing the effect of vividness on persuasion. *Social Influence*, 11(2), 111-129.

35. Hasher, L., Goldstein, D., & Toppino, T. (1977). Frequency and the conference of referential validity. *Journal of Verbal Learning and Verbal Behavior*, 16(1), 107–112.

36. Fazio, L. K., Brashier, N. M., Payne, B. K., & Marsh, E. J. (2015). Knowledge does not protect against illusory truth. *Journal of Experimental Psychology*, 144(5), 993–1002.

37. Hassan, A., & Barber, S. (2021). The effects of repetition frequency on the illusory truth effect. *Cognitive Research: Principles and Implications*, 6(1), 38.

38. Zajonc, R. (1968). Attitudinal effects of mere exposure. Journal of Personality and Social Psychology Monograph Supplement, 9(2), 1-27.

39. Schmidt, S., & Eisend, M. (2015). Advertising repetition: A meta-analysis on effective frequency in advertising. *Journal of Advertising*, 44(4), 415-428.

40. Allen, M. (1991). Meta-analysis comparing the persuasiveness of one-sided and two-sided messages. *Western Journal of Speech Communication*, 55, 390-404.

41. O'Keefe., D. (1997). Standpoint explicitness and persuasive effects: A meta-analytic reiew of the effects of varying conclusion articulation in persuasive messages. *Argumentation and Advocacy*, 34, 1-12.

42. Tannenbaum, M., Hepler, J., Zimmerman, R., Saul, L., Jocobs, S., Wilson, K., & Albarracin, D. (2015). Appealing to fear: A meta-analysis of fear appeal effectiveness and theories. *Psychological Bulletin*, 141(6), 1178-1204.

43. 이병관, 손영곤, 서동명, 좌보경, 홍현호, 이진우, (2013), 『지난 40년간 공포 소구 연구의 통합: 국내 공포 소구 연구에 대한 메타 분석』, 한국광고홍보학보, 15(3), 126-155.

44. Pratkanis, A., and Aronson, E. (2001). *Age of propaganda: The everyday use and abuse of persuasion*. Freeman and company, New York.

45. Boster, F., Cruz, S., Manata, B., DeAngelis, B., & Zhuang, J. (2016). A meta-analytic review of the effect of guilt on compliance. *Social Influence*, 11(1), 54-67.

46. Huhmann., B., & Brotherton, T. (1997). A content analysis of guilt appeals in popular magazine advertisements. *The Journal of Advertising*, 26(2), 35-45.

47. 이현우, (2005), 『한국인에게 가장 잘 통하는 설득전략 24』, 더난출판사.

48. Gueguen, N., & Pascual, A. (2000). Evocation of freedom and compliance: The "But you are free of ..." technique. *Current Research in Social Psychology*, 5, 264-270.

49. Gueguen, N., Joule, R., Halimi-Falkowicz, S., Pascual, A., Fischer-Lokou, J., & Dufourcq-Brana, M. (2013). I'm free but I'll comply with your request: Generalization and mutidimensional effects of the "evoking freedom" technique. *Journal of Applied Social Psychology*, 43, 116-137.

50. Carpenter, C. (2013). A meta-analysis of the effectiveness of the "But You Are Free" compliance-gaining technique. *Communication Studies*, 64(1), 6-17.

51. Gueguen, N. (2016). "You will probably refuse but ..." When activating reactance in a single sentence increases compliance with a request. *Polish Psychological Bulletin*, 47(2), 170-173.

52. 이현우, (2021), 『새로운 설득: 동의를 얻어내는 10가지 말하기 기법』, 커뮤니케이션북스.

53. Walter, N., Cody, M., Xu, L., & Murphy, S. (2018). A priest, a rabbi, and a minister walk into a bar: A meta-analysis of humor effects on persuasion. *Human Communication Research*, 44, 343-373.

54. Eisend, M. (2009). A meta-analysis of humor in advertising. *Journal of the Academy of Marketing Science*, 37, 191-203.

55. 전근영, 이정교, (2015), 『국내 유머 광고에 대한 메타 분석』, 한국언론학보, 59(6), 477-504.

56. Strick, M., Holland, W.,, van Baaren, R., & van Knippenberg, A. (2012). Those who laugh are defenseless: How humor breaks resistance to influence. *Journal of Experimental Psychology*, 18(2), 213-223.

57. Jin, F., Zhang, J., Wu, B., & Zhu, X. (2022). How warmth appeal affects

persuasion: The moderating role of brand concepts. *Frontiers in Psychology*, 13, 831373.

58. Lessard, J., Greenberger, E., & Chen, C. (2010). Adolescents' response to parental efforts to influence eating habits: When parental warmth matters. *Journal of Youth and Adolescence*, 39(1), 73-83.

59. Abel, J., and Clarke, L. (2020). *The compassion project*. Aster, and imprint of Octopus Publishing Group Ltd.

60. Dolinski, D., & Nawrat, R. (1998). "Fear-then-relief" procedure for producing compliance: Beware when the danger is over. *Journal of Experimental Social Psychology*, 34, 27-50.

61. Nawart, R., & Dolinski, D. (2007). "Seesaw of emotions" and compliance: Beyond the fear-then-relief rule. *The Journal of Social Psychology*, 147(5), 556-571.

62. Van Kleef, G., Van Doorn, E., Heerdink, M., & Koning, L. (2014). Emotion is for infuence. *European Review of Social Psychology*, 22(1), 114-163.

설득의 쓸모

초판 1쇄 인쇄 2022년 10월 24일
초판 1쇄 발행 2022년 10월 31일

지은이 이현우
펴낸이 신경렬

상무 강용구
기획편집부 최장욱
마케팅 박수진
디자인 박현경
경영기획 김정숙 김태희
제작 유수경

편집 추지영
디자인 cre.8ight

펴낸곳 ㈜더난콘텐츠그룹
출판등록 2011년 6월 2일 제2011-000158호
주소 04043 서울시 마포구 양화로 12길 16, 7층(서교동, 더난빌딩)
전화 (02)325-2525 | **팩스** (02)325-9007
이메일 book@thenanbiz.com | **홈페이지** www.thenanbiz.com

ISBN 979-11-978298-4-0 (03190)

이 출판물은 한양대학교 교내연구지원 사업으로 연구됨(HY-2021-G)